世界语言政策文献丛书

世界各国宪法中的语言条款汇编

赵蓉晖 张琛 主编

商务印书馆
创于1897 The Commercial Press

图书在版编目(CIP)数据

世界各国宪法中的语言条款汇编/赵蓉晖,张琛主编.—北京:商务印书馆,2023
(世界语言政策文献丛书)
ISBN 978-7-100-22162-7

Ⅰ.①世… Ⅱ.①赵… ②张… Ⅲ.①宪法—法律语言学—研究—世界 Ⅳ.①D90-055

中国国家版本馆 CIP 数据核字(2023)第 049292 号

本书得到教育部哲学社会科学重大课题攻关项目"世界语言政策综合资源库建设及比较研究"(15JZD047)、教育部哲学社会科学重大课题攻关项目"新时代国家语言文字事业的新使命与发展方略研究"(18JZD015)、国家语委科研项目重点项目"区域国别研究中的语言规划"(ZDI145—23)、高等学校学科创新引智计划(基地编号:B20081)、上海领军人才培养计划(2017)支持,本书也属于国家语委科研基地"上海外国语大学中国外语战略研究中心"第三期建设重点工程成果。特此致谢!

世界语言政策文献丛书
世界各国宪法中的语言条款汇编
赵蓉晖 张琛 主编

商 务 印 书 馆 出 版
(北京王府井大街36号 邮政编码100710)
商 务 印 书 馆 发 行
北京虎彩文化传播有限公司印刷
ISBN 978-7-100-22162-7

2023 年 4 月第 1 版 开本 880×1230 1/32
2023 年 4 月北京第 1 次印刷 印张 14½
定价:78.00 元

世界语言政策文献丛书
编委会

名誉主编： 李宇明

主　　编： 赵蓉晖

成　　员（按姓名音序）：

方小兵　南京大学
郭　熙　暨南大学
何山华　扬州大学
黄　行　中国社会科学院
刘洪东　山东大学
苏金智　教育部语言文字应用研究所
王春辉　首都师范大学
余桂林　商务印书馆
张天伟　北京外国语大学
张治国　上海海事大学
周庆生　中国社会科学院

了解世界语情　夯实学科根基

——序赵蓉晖主编“世界语言政策文献丛书”

人类语言规划活动古已有之，但是对语言政策、语言规划的学科性研究却在 20 世纪 50 年代才正式开展。同许多新兴学科一样，这一学科在国内外都有多个名称，这里统称“语言规划学”。

理论来自于事实，是对事实的概括和阐释。语言规划学的研究对象是古今中外的语言规划实践。中国早在先秦就有语言规划，数千年一直没有间断。1892 年卢戆章《一目了然初阶》出版，至今已经 130 年。这 130 年的语言规划，包括清末的切音字运动、清朝学部中央会议议决《统一国语办法案》，民国时期的白话文运动、国语运动、注音字母运动、俗体字运动以及《第一批简体字表》的制定，中华人民共和国建立以来的推广普通话、整理与简化汉字、制订并推行汉语拼音方案、民族语言识别及民族文字改革、扫盲运动、语言文字的规范化标准化信息化、《国家通用语言文字法》的实施、《通用规范汉字表》的制定等，为中国摆脱封建制度、一步步走向现代化作出了重要贡献，这些也都是语言规划学研究的重要素材。

世界语言规划的实践也十分丰富多彩。其一，各国皆有其语言规划，语言国情有同有异，语言规划也有同有异，比较分析其中的异同，可以总结语言规划的基本规律。其二，世界有许多语言，都是跨国使用，都有侨民带至国外，都有自己的国际传播史，如英语、法语、西班牙语、阿拉伯语、葡萄牙语、德语、俄语、日语、朝鲜语、蒙古语等。研究这些语言的跨国状况、侨居状况和国际传播状况，也能获得语言规划学的一些重要规律。其三，国际组织和跨国的地区组织，其语言规划影响着国际语言生活的质量与走向，也影响其成员国的语言规划；其语言规划理念往往代表着国际共识，代表着语言规划的发展方向。其四，国际会议与活动（如运动会、博览会等）、国际大都会、跨国公司、国际学术界的语言运用，也具有国际语言生活的某种性质，可以作为世界语言规划的实践进行研究。

语言生活是分领域的，如行政、法律、外事、军事、经贸、新闻传播、科学技术、健康卫生、教育、交通、通信、体育、艺术等。国际国内各领域的语言生活和领域语言规划，都是语言规划学的重要研究对象。了解领域语言生活状况及其发展趋势，监测领域语言生活的发展变化，科学制定、及时调适领域语言政策，也是语言规划学的重要任务。

近几十年来的中国语言规划实践，从世界角度看也是可圈可点的。普通话普及率超过 80%，义务教育普及消除了青壮年文盲，语言信息化使中国语言进入融媒体时代、10 亿中国人成为网民，语言扶贫、语言助力乡村振兴、应急语言服务等显示了语言的特殊之力，“中国语言资源有声数据库建设”和“中国语言资源保护工程”使 123 个语种及其方言有了“数字保存样本”。中国语言规划学也取得了与之相应的发展，连续 18 年编纂“语言生活皮书”，形成了以语言生活研究为特色的学术范式，提出了“构建和谐语言生活、提升公民和国家语言能力、保护开发语言资源、全面精准开展语言服务、促进社会沟通无障碍”等重大学术理念，有力支持了中国语言规划的实践，且在国际上也产生了一定的学术影响。

中国语言规划学能够茁壮成长，首先是因为有本土语言生活作为学术养料，有中国悠久的语言规划经验可资利用，同时也因为放眼世界，把国际语言规划实践作为参考，把国际语言规划研究成果作为镜鉴。比如在20世纪末，中国为制定语言文字法，专门对国外的语言政策等状况进行调研，周庆生教授主编的《国外语言政策与语言规划进程》（语文出版社，2001年）、《国家、民族与语言——语言政策国别研究》（语文出版社，2003年）便是这一调研的成果。之后又有计划地引进国际语言规划学的经典著作，如2011年商务印书馆开始出版的"语言规划经典译丛"，2012年外语教学与研究出版社开始出版的"语言资源与语言规划丛书"。2016年以来，国家语委还专门组编《世界语言生活状况报告》年度皮书，持续报告世界语言生活及语言规划状况。这些只是一些典型事例，仅此已可见我们对国际社会相关问题之重视，也足见国际眼光之重要。

赵蓉晖教授是有情怀有学养的社会语言学专家，近些年来在语言规划学领域用功最勤，特别是在主编《世界语言生活状况报告》的过程中，积累了大量的学术经验，接触了多方面的国际信息，组建了多语种的专业团队，具有编纂"世界语言政策文献丛书"的优越条件。

"世界语言政策文献丛书"收集、整理、翻译国外语言政策的一手文献，旨在客观呈现世界语言政策的基本面貌。所涉及的语言政策主体以国家为主，也包含重要的国际组织和跨国的地区组织；所收集的材料以法律、法规为主，适当涵盖重要的语言规划方案，还有一些特定主题的，如语言管理机构、语言保护、母语教育、外语教育、识字扫盲、手语盲文的政策文献等。

编纂这套丛书，不仅工作量大，而且学术难度高。首先，这些文献分散在不同国家和各类国际组织中，国内外都不曾有较为系统的收集整理，文献收集难度大；其次，收集、整理、翻译涉及众多语种，仅有英、法、西、阿、德、俄、日等常用语种能力远远不够，语言难度大；

第三，涉及领域众多，需要多学科知识，需要国际组织和区域国别知识，知识难度大；第四，关于世界语言文字、民族宗教、语言政策的术语，国内外都没有进行有效梳理，有些领域连基本术语都很不统一，甚至是“五花八门”，整理、规范的任务极其繁重，术语难度大。

尽管有此“四大难度”，但编纂这套丛书确实意义重大。其一，这是一项基础性的学科建设工程，将世界语言政策文献收集整理起来，能显著扩大语言规划学的研究视野，提升语言政策的研究水平；其二，在收集、翻译中对所涉术语进行整理、规范并且中国化，进而出版世界语言文字名称手册和语言规划学术语规范，对语言规划学和语言学都将是一大贡献；其三，这套丛书将全世界语言政策文献聚集起来，对我国语言政策的制定有重要参考意义，而且，我国也是许多国际组织的成员，了解这些文献内容有助于履行国际义务，参与国际治理；其四，编典本身就是学术研究，依托于编写工作，还可以培养一支多语种、多学科的研究队伍；其五，国际上目前尚无此类丛书，这套丛书的出版会对国内外语言学、法学、政治学、社会学、管理学、国际关系、区域国别研究等学科产生影响。

作为一门科学，语言规划学应该能够解释、评判历史上已有的语言规划，能够预判某地、某国即将发生的社会语言问题，能够为某国家、某组织、某地区、某领域做出科学的语言规划。语言规划学距此目标还有一定距离。期待能有更多“世界语言政策文献丛书”这样扎实的学术工程，来夯实学科根基，提升语言规划学的水平。

李宇明

序于北京惧闲聊斋

2022 年 10 月 31 日

世界语言政策文献丛书
出版前言

语言政策研究是一个与国家治理、社会发展及多学科知识密切相关的综合领域。语言政策体系涵盖了从国家到群体、从领域到个人的宏观、中观、微观层面。其中，国家层面的语言政策处于语言政策体系的顶端，发挥着统率全局的作用，直接影响中观和微观层面的表现，因此是其中最重要的方面。

在国家层面，语言政策从来都是国家政策体系的有机组成部分，关乎国家认同、政治建设、民族关系、经济社会发展、文化繁荣等重要问题。目前从国家层面对语言政策通行的理解是“政府根据特定的立场制定的有关语言的法律、法规等”。可见，有关语言的法律法规乃至重要的规划方案等，都是了解国家语言政策最重要、最核心的信息来源。为了满足相关决策和研究对上述关键信息的需求，我们设计并推出这套“世界语言政策文献丛书”。

本丛书旨在收集、整理、翻译语言政策的一手文献，客观呈现世界语言政策的基本面貌。丛书涉及的语言政策主体以国家为主，适当涵盖重要的国际组织；文献来源以海外为主，适当兼顾中国本土文献；收集的材料以法律法规为主，适当涵盖重要的规划方案等。丛书的材料来源于多个语种，分类方式上兼顾主题和国家，力求全面、真实地反映当代世界语言政策的基本面貌和重点领域，为政府决策和科学研究提供可靠的依据和素材。

本丛书将逐步推出，形成系列。这一工作是以语言为路径开展的区域国别研究，有助于我们构建关于世界语言知识的体系，丰富我们对世界语言及其应用的认识。本丛书还是观察国别和区域问题的“语言窗口”，有助于在比较的视野下建立我们对当今世界的深度认知。面对“百年未有之大变局”，本丛书也是语言文字工作者回答时代之问、满足时代之需的实际行动和成果。

赵蓉晖

2022 年 10 月于上海

序　言

语言是人类最重要的交际工具和信息载体，也是基本的社会行为、政治活动和认同要素。文化时代和百年未有之大变局下，语言的社会功能大大拓展，对语言知识提出了更多需求和更高要求。鉴于世界语言的多样性事实，社会中的语言应用首先需要解决的就是“语言选择”问题，其中既有自然语言，也有语言内部因地理分布、社会分化、领域区分导致的地理方言、社会方言选择，这些选择的背后是历史、文化、政治、心理、经济、效率等众多因素的综合影响，语言选择因此也就成为语言在社会应用方面，特别是语言政策的核心内容。

为帮助中国学者和决策者更好地了解世界语言政策，特别是宪法中的有关内容，我们专门编写了这部书，它在收录内容的广度、实效性、准确性等方面都超出了以往的同类型翻译汇编本。为帮助读者更好地理解和使用这部作品，特在付梓前对编写的基本情况加以介绍。

一　编写目的

语言政策研究在我国早已引起关注，语言学、社会学、民族学、政治学、法学等学科都有涉及，尤其在近二十年中迅速发展。相关研究成果不断涌现，研究机构、学术刊物、学术团体、学科专业纷纷建立，为国家的社会文化发展和语言研究的丰富作出了重要贡献。中国学者对语言政策的关注面很广，涵盖了从国家到群体和领域到个人的宏观、中观、微观层面。其中，国家层面的语言政策处于语言政策体系的顶端，发挥着统帅全局的作用，直接影响中观和微观层面的表现，因此是最重要也最受关注的一个领域。

在法律体系中，宪法又具备最独特也最重要的作用。因为宪法作为一国调整权利与权力关系的最高法律规范，是国家的根本大法，决定了国家法律秩序的基础，且在绝大多数国家的宪法中，都有关于语言的内容。但我们却遗憾地发现，目前我国的研究者对这一内容关注不够，虽在个案研究中屡有提及，但对这一重要政策体系的面貌尚缺乏了解。我们认为，缺乏基本素材是造成上述现象的主要原因，宪法研究的综合性和复杂性也是研究者不得不面对的巨大挑战。

为推动相关研究的进一步发展，为决策者和研究者提供完整、可靠的基本素材，我们编写了这部《世界各国宪法中的语言条款汇编》，同步还在编写《世界语言法律汇编》等，并建设可持续更新、方便用户查询的数据库，希望以此改善相关研究和决策的资料条件。相关研究专著、系列论文和报告的写作也在持续推进。我们希望以此探索富有中国特色、能为世界语言知识体系建设贡献新知的理论、方法和素材。这一工作也是“百年未有之大变局”背景下，中国学者“睁眼看世界”“深度看世界”的有益尝试。

二　编写原则

在中国历史上，宪法典翻译是与宪法文化和宪法学同步发展起来的。清末宣布新政以后，相关工作就陆续展开，成为中国政治建设与宪法研究的重要特色之一。我国历史上比较重要的宪法典翻译汇编包括:《各国宪法译本》(1907)、《世界现行宪法》(1913)、《世界最新之宪法》(1922)、《欧洲战后诸国之新宪法》(1922)、《世界新宪法》(1926)、《各国宪法汇编》(1933)、《世界各国宪法汇编》(1944)、《世界各国宪法汇纂》(1944)、《各国宪法汇编》(1946)、《世界各国宪法资料集》(1954)、《民主主义国家宪法选辑》(1954)、《世界各国宪法汇编》(1964)、《宪法分解资料》(1981)、《世界宪法大全》(1997)、《世界各国宪法》(2012)、《世界各国宪法文本汇编》(2011—2020)。[1]这些成果既是宪法学的重要研究成果，也是本书的基本参考资料。

我们在编写本书时首先认真研究了已有的宪法典汇编，特别是收录和翻译最完整也是最新的两套丛书——中国检察出版社出版的《世界各国宪法》(2012)和厦门大学出版社出版的《世界各国宪法文本汇编》(2011—2020)，却发现不可能直接照搬现有译本中的语言条款。原因之一是收录范围和时效问题，前者仅收录193个联合国成员国的宪法，后者则漏掉了加拿大、新西兰、英国这类不成文宪法国家(也称复合宪法国家)，且二者收录的一些法律原文在今天看来已不是最新版本，不能反映世界各国宪法的最新面貌。原因之二是翻译标准问题，两部汇编的编者和译者都是法律学者，他们对民族、语言问题的了解还不够细致、深入，因此在一些翻译处理方面，并不符合语言研究和语言决策的专业需求；不少专名、术语的使用还与目前社会上普遍接受的用法不同，容易引起歧义甚至误解。为此，我们明确了几个重要的编写原则和标准，形成了自己的体系。

① 信息来源：孙谦、韩大元《宪法典翻译：历史、意义与功能》，载《世界各国宪法》，中国检察出版社，2012年。

（一）收录国家和内容

1. 收录内容

本书共收录183个国家[①]的现行宪法，翻译汇编了其中的语言条款和涉语言条款，是专门针对语言的社会应用问题而做的专题性宪法汇编。语言条款，指对语言的地位、标准等直接做出规定的条款，例如关于国家语言、官方语言的规定。涉语言条款，指不专门针对语言，但与语言直接相关的条款，例如关于公民权利、社会公正、公民身份、公职人员资格的有关规定。

2. 收录国家

这本汇编在收录国家的范围方面做到了最多最新。首先，按照中国外交部官网上发布的国家名称，共关注了197个国家[②]；其次，将拥有不成文宪法的英国、新西兰、以色列纳入收录范围[③]，选取其宪法性文件中有关语言的内容进行翻译；再次，收录的版本均为现行的最新版本[④]。本书收录的宪法中，有28个国家的宪法文本内容是国内首次

---

① 本书关注的197个国家中，有14个国家的宪法中没有语言方面的内容，具体包括：日本、韩国、几内亚比绍、圣多美和普林西比、丹麦、冰岛、梵蒂冈、荷兰、圣马力诺、美国、乌拉圭、智利、澳大利亚、汤加。这些国家没有宪法层面的语言政策，大多另有专门的语言法或者地方法律政策，也有以政府部门规章明确语言政策的情形。其中还有一种情况：冰岛2013年宪法修正案提案在序言和正文中有提到语言平等的条款，此宪法修正案在2012年10月20日全民公决通过，但是2013年在议会中未获通过，因此冰岛现行宪法中也无和语言相关的条款。

② 目前，联合国成员国共有193个国家，我国外交部另外承认的还有巴勒斯坦共和国、纽埃共和国、库克群岛和梵蒂冈，一共197个国家。本书的关注范围因此比《世界各国宪法》（中国检察出版社，2012）的193个国家更大。

③ “不成文宪法”是“成文宪法”的对称。不成文宪法国家拥有由许多分散的、不同年代产生的宪法性文件、惯例、法院判例等构成的宪法。不成文宪法属于柔性宪法，内容上欠明晰确定，不易于为人民理解掌握。厦门大学出版社出版的《世界各国宪法文本汇编》（2011—2020）仅关注了成文宪法国家，本书的关注范围因此比它更大。

④ 《世界各国宪法文本汇编》（厦门大学出版社，2011—2020）对编写时正在修宪的国家（如巴哈马）也没有关注。

翻译出版，它们此前或是没有正式颁布宪法，或是新近颁布了新版宪法，因此在我国现有的宪法汇编集中还未来得及收录[①]。

最后需要说明的是，台湾学者施正锋主编的《语言权利的法典》（前卫出版社，2002）是以往学者们历来研究宪法中语言条款的重要工具书，共列举了161个国家的相关宪法条款。因此在针对语言的宪法专题研究作品中，本书也呈现了更新、更全的内容。

（二）文本来源和有效性

1. 文本时效

本书收录的宪法原始文本以2022年12月8日作为检索截止时间。宪法制定、修宪时间以中国外交部网站（www.fmprc.gov.cn）、中国商务部全球法律官方网站（policy.mofcom.gov.cn）和《世界各国宪法》（中国检察出版社，2012）为基本依据，核对无误后进行标注。

2. 文本来源

由于宪法是最重要的国家法律，众多国家都重视在发布本国语言版本（指非英文版本）的同时，将其翻译成英文版对外发布。英语背景的法律研究者也很重视收集、翻译这类文本，为此建立了若干权威数据库。本书选择以比较宪法网站（constituteproject.org）作为核心的原始文本来源，以保证文本的覆盖面、更新度和权威性，也能保证翻译的便利性。比较宪法网站是美国“比较宪法研究项目”（Comparative Constitutions Project，CCP）的重要组成部分，它的宪

---

① 这28个国家包括：巴勒斯坦、格鲁吉亚、尼泊尔、泰国、亚美尼亚、以色列、越南、阿尔及利亚、埃及、布隆迪、刚果（布）、几内亚、津巴布韦、科摩罗、科特迪瓦、利比亚、卢旺达、苏丹、索马里、突尼斯、乍得、中非、拉脱维亚、英国、斐济、库克群岛、纽埃、密克罗尼西亚联邦。

法资料来源包括:(1)法律全文数据库 HeinOnline[①];(2)牛津世界宪法数据库(Oxford Constitutions of the World)[②];(3)国际民主和选举援助研究所(International Institute for Democracy and Electoral Assistance, IDEA)[③]。数据库不仅提供动态更新的数据,还收集了多语种的宪法文本可供查询。此外,中国商务部全球法律官方网站也提供了各国宪法原文的权威信息链接,可用于对信息的比对和查询。俄罗斯联邦的大型在线数据库“世界宪法图书馆”(worldconstitutions.ru)可提供各国宪法各个时期文本的俄语译本供对比参照。

同时,我们在整理资料的过程中,也会关注有些国家修宪过程中出现的最新动态,对来源文本及时更新,更新的信息全部来源于相关国家的政府网站,并在书中具体标明检索渠道与检索时间。

(三)翻译与审校

1. 翻译核对

本书的全部译文均从比较宪法网站提供的英文版翻译成中文,并在必要时查询非英语版本,遇矛盾或不清楚之处时,以相关国家政府网站上发布的内容为准。有关情况在译文的脚注中已做具体说明。

2. 宪法名称

由于不同版本的宪法汇编中,对各国宪法名称的翻译处理不同,

---

① 由 William S. Hein & Co.,Inc. 公司出品。该公司从事法律出版及信息服务已有近 80 年的历史,在美国乃至全球均享有盛名,属于法律期刊的提供商、订购商和法律图书馆界的服务商。该数据库是法学教学、研究和学习的必备资料库。

② 这是牛津大学出版社建设的牛津法律在线数据库(Oxford Law Online),不仅为用户提供高质量的前沿专家报告,还提供便于检索的权威法律信息。内容涵盖国际公法、投资法、仲裁法、竞争法以及宪法,为学生、学者及从业人员提供综合、全面、权威的法律资料。

③ 这是一家总部位于瑞典的智库,以国际事务研究著称。

本书因此统一了宪法名称的翻译原则。第一，对国家名称采用国名全称；第二，对宪法名称采用原文（英文或其他语种）的精确翻译，不遗漏信息，也不改变原文意义；第三，按照约定俗成的原则，检查我们的译文是否已被比较普遍地采用，特别是那些权威场景下的采用情况，如官方介绍、权威数据库收录、专业资料汇编或学术研究成果中的表述等。例如《世界各国宪法》（中国检察出版社，2012）将比利时宪法名译为"比利时联邦宪法"，本书则译为"比利时王国宪法"。

3. 语言名称

鉴于世界语言的分类和命名尚不统一，本书对涉及的语言名称翻译采取如下处理方式：第一，以《中华人民共和国国家标准》（GB/T 4880.1—2005、GB/T 4880.2—2000 和 GB/T 4880.3—2009）为基本标准翻译；第二，对上述标准中没有的语言名称，参照《世界民族译名手册英汉对照》（李毅夫、王恩庆等编，1982）和《世界民族大辞典》（李毅夫、赵锦元主编，1994）进行翻译；第三，对前两种做法都不能解决的翻译问题，或者发现以往译文已不符合当前应用实际的，通过查询原文发音和内容介绍的方式，以"名从主人"的原则进行翻译；第四，按照约定俗成的原则，检查我们的译文是否已被比较普遍地采用，特别是那些权威场景下的采用情况。

在完成翻译后，编者对全书的语言名称中译文进行了统一，修正了国家简介[①]和已有宪法译文[②]中的一些误用或不统一之处，使全书的语言名称中译文保持一致。在本书的附录部分，提供《语言名称中

① 基本信息来自中国外交部网站。

② 主要来自《世界各国宪法》（中国检察出版社，2012）、中国商务部全球法律官方网站。

英文对照表》，以方便读者查询。附录部分的列举收录原则是以宪法正文中出现的语言、文字、机构等术语为收录范围，不涉及语言背景中出现的相关术语。

4. 文字名称

书中涉及的文字名称不多，编者按照语言学界对文字命名的惯例进行了统一，例如将 Braille、Braille system 统一译为“盲文”，将 sign language 统一译为“手语”。将几大字母体系统一翻译为“某某字母”（如西里尔字母、阿拉伯字母、拉丁字母、天城体字母），有些有其他常用名称的，则以脚注或括号加以注释。例如：天城体字母（也被称为梵文字母）。在本书附录部分，提供《文字名称中英文对照表》。

5. 常用术语

宪法中涉及的一些常用术语，鉴于出自不同的国家背景和语境，很容易混淆，编者因此在翻译中以意义为标准做了鉴别和统一，并参照原文和俄译本做了比对。其中最常用的几个包括：

国家：原文中用 nation 或 state，具体所指有国家政体上的差别。与此相关的 national language 和 state language 均译为“国家语言”。

民族：原文中有多种表述方式，如 ethnicity、national races、ethnic groups、peoples 等，均译为“民族”，用以指国家内部主要以文化特征并结合体质特点划分出的社会群体。相应地，indigenous people 译为“原住民、原住民族”，national minority 和 minority nationality 译为“少数民族”。这样的处理也与中国法律文件中的表述有所呼应，更利于中国读者理解和接受。

原住民：原文中用 indigenous people、autochthonous ethnic group 等，均指在某国土生土长的民族或部落人群。本书弃用以往常见的、略带贬义的“土著人、土著民族”的译法，以符合宪法追求的平等与公正，和法律文本努力保持的客观、中立色彩。编者以同样原则处理的还有以“残障”代替“残疾”；以“塔马奇格特语”代替“柏柏尔语”等。

在完成翻译后，编者对全书的常用术语中译文进行了检查和统一，修正了国家简介和已有宪法译文中的一些误用或不统一之处，特别是反映语言地位的术语使用，如“官方语言、工作语言、国际语言、国家语言、共同语言”等。在本书的附录部分，提供《常用术语中英文对照表》。

（四）体例结构

1. 全书结构

全书分为序言、宪法条款、附录三个基本部分。“序言”对全书的编写背景和目的、编写原则进行说明；“宪法条款”中涉及的国家按照中国外交部网站“国家（地区）”栏目的呈现方式，分成亚洲、非洲、欧洲、北美洲、南美洲、大洋洲六个部分，每个部分中按照国家名称的中文音序排列（中国排在全书第一位）；“附录”部分收录四个文件，方便读者对照查询语言名称、文字名称、机构名称、常用术语。

2. 宪法条款

在每个国家的宪法条款之前，编者均依据中国外交部网站上提供的基本信息编写了国家简介，信息查询时间截至 2022 年 12 月 8 日。所有简介均包括三个部分：（1）国家和地理、人口、语言概况；（2）宪法发展概况，包括制宪和修订情况；（3）本书译文所依据的宪法版本。简介的作用是帮助读者更好地理解不同国家宪法产生的语境和内容。

宪法条款的内容结构以"编、章、节、条、款、项、目"为基本层级，逐条进行标注，方便读者后续使用，也避免因无法看到宪法全文而混淆不同条款的层级。由于不同国家的立宪技术不完全相同，本书在统一格式的同时也作了必要说明。

3. 脚注说明

本书的脚注均为编者添加，其目的在于：（1）说明一些便于读者理解、鉴别内容的情况，例如一些国家的国情或文化背景、民族特色用语等；（2）方便读者了解宪法的原文来源、版本信息、个别名称或术语的翻译处理方式，供有兴趣的读者进行深度拓展或提出修订意见。

三、其他情况

本书内容只为学术资料的完整客观呈现，如涉及政治敏感问题，并不代表编者的观点和立场，特此说明。本书已尽可能以脚注方式对个别我国不接受的内容作出了说明。

本书在收录内容的广度、实效性、准确性等方面都超出了以往的同类型作品。本书的出版有助于挖掘宪法典的文化与价值，有助于了解宪法中的语言政策，进一步提升我国语言决策水平，推动相关研究，进而丰富法学、政治学、社会学、民族学和语言学的理论与方法。

面对宪法这样丰富而复杂的国家文化产物，要保证译文的准确性、权威性和可读性，殊非易事。其中既要面对文化背景差异、文本选择和内容理解的难题，也要面对术语的框定和语词翻译问题。为做好这项工作，编者前后历时两年，进行了大量基础研究和材料收集，并在翻译和审校过程中求助于法律和区域国别研究专家，举办多次专家审稿会，最终商定了交付出版的文稿。在此特别感谢同行专家们此前做出的探索，感谢鼓励我们编写此书的教育部语言文字信息管理司领导，感谢接受我们咨询的众多专家和上海外国语大学的多语种同事们、同学们，感谢为我们提供资料和信息查询的同行们，感谢商务印书馆为此书提供的专业出版建议，并特别感谢我们的家人们给予的理解和无私的支持！最后要感谢我们彼此，一路走来的同甘共苦让我们更加珍惜这段难得的师生缘分！

由于时间和能力所限，疏漏在所难免，还盼博雅君子，不吝赐教。

赵蓉晖　张琛

2022 年 10 月于上海外国语大学

目　　录

亚洲

非洲

欧洲

北美洲

南美洲

大洋洲

附录

亚洲

中　国

中国，国名全称为中华人民共和国。中国位于亚洲东部，太平洋西岸。陆地面积约 960 万平方公里，东部和南部大陆海岸线 1.8 万多千米，内海和边海的水域面积约 470 多万平方公里。海域分布有大小岛屿 7600 多个，其中台湾岛最大。中国同 14 个国家接壤，与 8 个国家海上相邻。中国有 56 个民族，是一个多民族、多语言、多方言、多文字的国家。人口约 14 亿。首都北京。

中国现行宪法是 1982 年 12 月 4 日第五届全国人民代表大会第五次会议审议通过的。1982 年宪法颁布实施后，根据现实发展的需要，分别于 1988 年、1993 年、1999 年、2004 年和 2018 年[①] 进行了五次修正。

中华人民共和国宪法[②]

第一章　总纲

第 4 条

第 4 款　各民族都有使用和发展自己的语言文字的自由，都有保持或者改革自己的风俗习惯的自由。

①②　信息来源：全国人民代表大会官网（npc.gov.cn），检索日期：2022-9-20。

第19条

第5款 国家推广全国通用的普通话。

第三章 国家机构

第六节 民族自治地方的自治机关

第121条

民族自治地方的自治机关在执行职务的时候，依照本民族自治地方自治条例的规定，使用当地通用的一种或者几种语言文字。

第八节 人民法院和人民检察院

第139条

各民族公民都有用本民族语言文字进行诉讼的权利。人民法院和人民检察院对于不通晓当地通用的语言文字的诉讼参与人，应当为他们翻译。

在少数民族聚居或者多民族共同居住的地区，应当用当地通用的语言进行审理；起诉书、判决书、布告和其他文书应当根据实际需要使用当地通用的一种或者几种文字。

阿富汗

阿富汗，国名全称为阿富汗伊斯兰共和国。阿富汗是亚洲中西部的内陆国家。面积约 64.75 万平方公里。阿富汗是一个多民族国家，人口约 3,220 万（2020 年）。普什图族占 40%，塔吉克族占 25%，还有哈扎拉、乌兹别克、土库曼等 20 多个少数民族。普什图语和达里语是官方语言，其他官方语言还有乌兹别克语、土库曼语、俾路支语等。逊尼派穆斯林占 86%，什叶派穆斯林占 13%，其他占 1%。首都喀布尔。

2004 年 1 月 4 日由阿富汗大支尔格国民议会的 550 名代表表决通过《阿富汗伊斯兰共和国宪法》，由过渡政府总统卡尔扎伊签署后于 2004 年 1 月 26 日生效。后无修正。

阿富汗伊斯兰共和国宪法

（2004 年 1 月 4 日通过）

第一章　国家

第 16 条

在国内所用语言——普什图语、达里语、乌兹别克语、土库曼语、俾路支语、帕沙伊语[①]、努里斯坦语[②]、帕米尔语及其他语言中，

① 也有译为“帕夏语”。

② 也有译为“努里斯塔尼语”。

普什图语和达里语为官方语言。乌兹别克语、土库曼语、帕沙伊语、努里斯坦语、俾路支语、帕米尔语——作为普什图语和达里语的补充——在普遍使用该语言的地区作为第三官方语言。该规定的实施细则由特别法律规定。国家制订并执行有效的计划以巩固和发展阿富汗境内的各种语言。新闻出版物和大众媒体应自由地使用该国所有现行语言。学术和国家行政术语和用法应予以保留。

第20条

阿富汗国歌应以普什图语写成，应提到“真主伟大”及各民族名称。

第二章 公民的基本权利和义务

第35条

第2款 严禁以民族和种族、语言、教派、地区为组织的基础，或以此划分政党。非因法定的理由并据有权法院合法的判决不得解散任何依法成立的政党。

第43条

阿富汗公民享有受教育权。国家应在教育机构中免费提供到学士水平的教育。为了在阿富汗全境扩大均衡教育并提供强制性中等教育，国家应设计和实施有效的方案，并为在讲民族语言的地区教授母语奠定基础。

第三章 总统

第66条

总统在执行本宪法规定的权力时须考虑阿富汗人民的最高利益。非依法律的规定，总统不得出售或赠予国家财产。在职期间，总统不得基于语言、教派、民族和部落、宗教以及政党的考虑而行事。

第四章　政府

第 80 条

各部部长不得基于语言、教派、民族和部落、宗教和党派的目的而行使其职权。

第七章　司法机关

第 135 条

如果诉讼参与者不理解审判所用的语言，其有权通过翻译了解涉案材料和文件，并在法庭上使用其母语。

阿联酋

阿联酋，国名全称为阿拉伯联合酋长国。位于阿拉伯半岛东部，北濒波斯湾，西和南与沙特阿拉伯交界，东和东北与阿曼毗连。面积约 83,600 平方公里。人口约 950 万（2019 年），外籍人占 88.5%，主要来自印度、巴基斯坦、埃及、叙利亚、巴勒斯坦等国。阿拉伯语为其官方语言，通用英语。居民大多信奉伊斯兰教，多数属逊尼派。首都阿布扎比。

1971 年 7 月 18 日，联邦最高委员会通过临时宪法，同年 12 月 2 日宣布临时宪法生效。后历经 1972、1976、1981、1986、1991、1996、2004 和 2009 年修正。本书译文依据的是 2009 年宪法文本。

阿拉伯联合酋长国宪法

（1971 年 7 月 18 日通过）

第一章　联邦组成和基本目标

第 6 条

联邦为大阿拉伯世界的一部分，与其在宗教、语言、历史和共同命运上相互联系。联邦人民是团结的人民，是阿拉伯民族的一部分。

第 7 条

伊斯兰教为联邦国教。伊斯兰教法为立法的主要来源，官方语言为阿拉伯语。

阿 曼

阿曼，国名全称为阿曼苏丹国。阿曼位于阿拉伯半岛东南部。面积约 30.95 万平方公里。人口约 449 万（2021 年），其中阿曼人占 57.5%。官方语言为阿拉伯语，通用英语。伊斯兰教为国教。85.9% 人口为穆斯林，大多为伊巴德教派。首都为马斯喀特。

1996 年 11 月，卡布斯苏丹颁布谕令，公布《国家基本法》（相当于宪法），后经 2011 年修正。本书译文依据的是 2011 年基本法文本。

阿曼苏丹国国家基本法

（1996 年 11 月 6 日颁布）

第一章　国家与政体

第 3 条

国家的官方语言是阿拉伯语。

第三章　权利与义务

第 17 条

公民在法律面前一律平等，在权利与义务方面一律平等，不因性别、民族、肤色、语言、宗教、教派、出生地或社会地位而有所区别。

阿塞拜疆

阿塞拜疆，国名全称为阿塞拜疆共和国。阿塞拜疆位于亚洲西部外高加索地区的东南部。面积约 8.66 万平方公里。人口约 1,016.45 万（2022 年 3 月）。共有 43 个民族，其中阿塞拜疆族占 91.6%，列兹根族占 2.0%，俄罗斯族占 1.3%，亚美尼亚族占 1.3%，塔雷什族占 1.3%。国家语言为阿塞拜疆语。居民多通晓俄语。首都为巴库。

现行宪法于 1995 年 11 月 12 日经全民公决通过，同年 12 月 27 日生效。后经 2002、2009 和 2016 年修正。本书译文依据的是 2016 年宪法文本。

阿塞拜疆共和国宪法

（1995 年 11 月 12 日通过）

第一编　总则

第二章　国家的基本原则

第 21 条　国家语言

第 1 款　阿塞拜疆共和国的国家语言是阿塞拜疆语。阿塞拜疆共和国保障阿塞拜疆语的发展。

第 2 款　阿塞拜疆共和国保障居民所使用的其他语言的使用和发展。

第二编　基本权利、自由和义务

第三章　人和公民的基本权利与自由

第 25 条　平等权

第 3 款　国家保障每个人的权利和自由平等，不分种族、民族、宗教、性别、出身、财产状况、社会地位、信仰、政党、工会和其他社会联合组织属性。禁止根据种族、民族、社会地位、语言、出身、信仰和宗教对人和公民的权利与自由作出限制性规定。

第 45 条　使用母语的权利

第 1 款　每个人都有使用自己母语的权利。每个人都有使用母语被抚养、接受教育以及从事创作的权利。

第 2 款　任何人都不得被剥夺使用母语的权利。

第三编　国家权力

第七章　司法权

第 127 条　法官独立，司法权行使的基本原则和条件

第 10 款　在阿塞拜疆共和国，诉讼程序使用阿塞拜疆共和国的国家语言或者该地区多数居民所使用的语言进行。

保障不掌握诉讼程序所使用语言的诉讼参加人享有利用翻译的帮助充分了解案卷材料、参加法庭审理的权利，以及享有在法庭上使用母语陈述的权利。

巴基斯坦

巴基斯坦，国名全称为巴基斯坦伊斯兰共和国。巴基斯坦位于南亚次大陆西北部。面积约 796,095 平方公里（不包括巴控克什米尔地区）。人口约 2.08 亿。巴基斯坦是多民族国家，其中旁遮普族占 63%，信德族占 18%，普什图族占 11%，俾路支族占 4%。乌尔都语为国家语言，官方语言为乌尔都语和英语，主要民族语言有旁遮普语、信德语、普什图语和俾路支语等。95% 以上的居民信奉伊斯兰教（国教），少数信奉基督教、印度教和锡克教等。首都伊斯兰堡。

现行宪法于 1973 年 4 月 10 日由国民大会通过，1973 年 8 月 1 日生效。后历经十余次修正，最新一次的修正时间是 2019 年。本书译文依据的是 2018 年宪法文本。

巴基斯坦伊斯兰共和国宪法

（1973 年 4 月 10 日通过）

第二编　基本权利和政策性原则

第一章　基本权利

第 28 条　保护语言、文字和文化

根据第 251 条，任何一部分拥有独特语言、文字或文化的公民，有权保护和推动其独特的语言、文字或文化发展，并基于此建立若干机构。

第二章　政策原则

第 31 条　穆斯林的生活方式

第 2 款　在尊重巴基斯坦穆斯林的基础上，国家要努力做到：

第 1 项　使《古兰经》和伊斯兰教的教导具有强制性，鼓励并促进阿拉伯语的学习，从而保证《古兰经》被正确、准确地印刷和出版。

第十二编　其他

第四章　一般规定

第 251 条　官方语言

第 1 款　巴基斯坦的官方语言是乌尔都语，本宪法生效之日起 15 年内应作出将其作为公务或其他目的使用语言的安排。

第 2 款　根据第 1 款，英语可用于公务活动，直到其被乌尔都语替代。

第 3 款　在不损害官方语言地位的前提下，各省大会还可以通过法律规定，教授、推广、使用本省官方语言的措施。

第 255 条　就职宣誓

第 1 款　宪法要求一人宣誓时，最好使用乌尔都语或此人理解的语言。

巴勒斯坦

巴勒斯坦，国名全称为巴勒斯坦国。巴勒斯坦位于亚洲西部。面积约 5,884 平方公里。加沙地带西濒地中海，面积约 365 平方公里。巴勒斯坦人口约 1,350 万，其中加沙地带和约旦河西岸人口约 510 万（2020 年 11 月），其余为在外的难民和侨民。官方语言为阿拉伯语，主要信仰伊斯兰教。

《巴勒斯坦国基本法》将作为巴勒斯坦权力机构的临时宪法，直到巴勒斯坦建立独立国家和永久宪法。2003 年，马哈茂德·阿巴斯出任巴勒斯坦自治政府首任总理，推动该国政治改革，政治体制发生了变化。[①] 后经 2005 年修正。本书译文依据的是 2005 年《巴勒斯坦国基本法》文本。

巴勒斯坦国基本法

（2003 年通过）

第一章

第 4 条

第 3 款 官方语言为阿拉伯语。

---

① 信息来源：巴勒斯坦国基本法官方网站（www.palestinianbasiclaw.org），检索日期：2022-9-15。

第二章　公共权利与自由

第12条

任何人在被逮捕或拘留时必须被告知理由，应立即以被逮捕或拘留者通晓的语言告知针对其进行的指控之内容。被逮捕或拘留者有权利联系律师，并立即在法院接受审判。

巴　林

巴林，国名全称为巴林王国。巴林是位于波斯湾西南部的岛国。面积约 779.95 平方公里。人口约 150 万，外籍人占 55%。85% 的居民信奉伊斯兰教，其中什叶派占 70%，逊尼派占 30%。官方语言为阿拉伯语，通用英语。首都麦纳麦。

2002 年 2 月 14 日，国王哈马德・本・伊萨・阿勒哈利法批准并颁布新宪法。后经 2002、2012 和 2017 年修正。本书译文依据的是 2017 年宪法文本。

巴林王国宪法

（2002 年 2 月 14 日颁布）

第一章　国家

第 2 条

国教是伊斯兰教，伊斯兰教法是立法的主要基础。国家官方语言是阿拉伯语。

第三章　公共权利和义务

第 18 条

所有公民，不分性别、出身、语言、宗教或信仰，在尊严以及公共权利和义务方面，法律面前一律平等。

第四章　权力

第三节　立法权

国民议会

二、众议院

第 57 条

众议院议员应具备以下条件：

第 3 项　具备阅读和书写阿拉伯语的能力。

不　丹

不丹，国名全称为不丹王国。不丹位于喜马拉雅山脉东段南坡。面积约 3.8 万平方公里。人口约 75.6 万（2021 年）。不丹族约占总人口的 50%，尼泊尔族约占 35%。宗卡语为国家语言。藏传佛教（噶举派）为国教，尼泊尔族居民信奉印度教。首都廷布。

2008 年 7 月不丹颁布首部宪法，由国王吉格梅·基沙尔·旺楚克签署生效。后无修正。

不丹王国宪法

（2008 年 7 月 18 日颁布）

第 1 条　不丹王国

第 8 款　宗卡语[①]是不丹的国家语言。

第 4 条　文化

第 1 款　国家应努力保存、保护和推广国家的文化遗产以丰富社会和公民的文化生活，其中包括具有艺术或历史价值的古迹、场所、物品，以及仲城[②]、拉康[③]、神殿、佛宝、圣地、语言、文学、音乐、

---

① 宗卡语（Dzongkha）又译作“宗喀语”，语言学上属于藏语的一种地理方言，原先在不丹西部使用，1971 年后开始在全国普及。现为不丹国家广播和电视节目的 4 种语言之首。

② 仲城（Dzongs）为碉堡式寺庙。

③ 拉康（Lhakhangs）意为佛寺，其中以仲城最具不丹特色。

视觉艺术和宗教。

第 6 条 国籍

第 3 款 通过归化申请国籍的人，应当具备以下条件：

第 3 项 有说、写宗卡语的能力。

第 7 条 基本权利

第 15 款 法律面前人人平等。公民有权获得平等有效的法律保护，不因民族、性别、语言、宗教、政治或其他情况而遭受歧视。

第 22 款 上述权利由宪法授予，但是当其关系到下列事项时，本条中任何规定不得妨碍国家依照法律对其予以合理限制：

第 4 项 因民族、性别、语言、宗教或区域而煽动的犯罪。

第 8 条 基本义务

第 3 款 公民应当树立宽容、互相尊重和超越宗教、语言、区域或地区多样性的存在于所有不丹人民之间的兄弟精神。

第 15 条 政党

第 4 款 在满足如下资格和要求时，政党得在选举委员会登记：

第 2 项 其成员资格不以区域、性别、语言、宗教或者社会出身为基础。

第 35 条 修正案和作准文本

第 4 款 若宗卡语和英语版本的宪法文本中存在语义差异，每个文本均应被视为具有同等效力，且法院应协调两个文本的差异。

朝　鲜

朝鲜，国名全称为朝鲜民主主义人民共和国。朝鲜位于亚洲东部朝鲜半岛北半部。面积约 12.3 万平方公里。人口约 2,500 万。属于单一的朝鲜民族，通用朝鲜语。首都平壤。

1972 年 12 月 27 日朝鲜民主主义人民共和国第五届最高人民会议第一次会议通过《朝鲜民主主义人民共和国社会主义宪法》并生效。后历经 1992、1998、2009、2012、2013、2016 和 2019 年修正。本书译文依据的是 2019 年宪法文本①。

朝鲜民主主义人民共和国社会主义宪法

（1972 年 12 月 27 日通过）

第三章　文化

第 54 条

国家保护我们的语言不受任何形式的扼杀民族语言活动的影响，并根据时代的要求加以发展。

① 信息来源：朝鲜全国委员会官方网站（www.ncnk.org），检索日期：2022-10-6。

第六章 国家机构

第八节 检察院和法院

第 165 条

第 1 款 审判用朝鲜语进行。

第 2 款 外国人在审判中可以使用其自己的语言。

东帝汶

东帝汶，国名全称为东帝汶民主共和国。东帝汶位于东南亚努沙登加拉群岛最东端。面积约 15,007 平方公里。人口约 132 万（2020 年），78% 为原住民（巴布亚族与马来族或波利尼族的混血人种），20% 为印尼人，2% 为华人。官方语言为德顿语和葡萄牙语。约 91.4% 人口信奉天主教，2.6% 信奉基督教，1.7% 信奉伊斯兰教。首都帝力。

2002 年 3 月 22 日，东帝汶制宪议会通过并颁布《东帝汶民主共和国宪法》，2002 年 5 月 20 日生效。后无修正。

东帝汶民主共和国宪法

（2002 年 3 月 22 日通过）

第一编　基本原则

第 8 条　国际关系

第 3 款　东帝汶民主共和国应当与官方语言是葡萄牙语的国家维持优先的伙伴关系。

第 13 条　官方语言和国家语言①

① 该法条的英语版和葡萄牙语版均作此相同表述。

第 1 款 东帝汶民主共和国的官方语言是德顿语和葡萄牙语。

第 2 款 国家尊重并发展德顿语和其他国家语言。

第七编 最终条款与过渡条款

第 159 条 工作语言

印尼语[①]和英语作为公务活动的工作语言，若认为必要，可一同作为官方语言。

① 也有译为“印度尼西亚语”的。

菲律宾

菲律宾，国名全称为菲律宾共和国。菲律宾位于亚洲东南部。面积约29.97万平方公里。人口约1.1亿（2022年），马来裔占全国人口的85%以上。主要民族包括他加禄族、伊洛戈族、邦板牙族、维萨亚族和比科尔族等；少数民族及外来后裔有华人、阿拉伯人、印度人、西班牙人和美国人；还有为数不多的原住民。有70多种语言。国家语言是以他加禄语为基础的菲律宾语[①]。国民约85%信奉天主教，4.9%信奉伊斯兰教，少数人信奉独立教和基督教新教，华人多信奉佛教，原住民多信奉原始宗教。首都为大马尼拉市。

现行宪法于1987年2月2日由全民投票通过，由科拉松·阿基诺总统于同年2月11日宣布生效。后无修正。

菲律宾共和国1987年宪法

（1987年2月2日通过）

第14条　教育、科学与技术、艺术、文化和体育语言

第6款

第1项　菲律宾国家语言为菲律宾语。在其发展过程中，应在现有的菲律宾语和其他语言的基础上进一步丰富和发展。

---

① 他加禄语，属于南岛语系的马来—波利尼西亚语族，主要使用于菲律宾。作为菲律宾国家语言的菲律宾语，是标准化之后的他加禄语形式。

第 2 项　在法律规定的范围内且国会认为妥当的情形下，政府应当采取措施提倡和支持将菲律宾语作为官方工具和教育系统中的教学语言予以使用。

第 7 款

第 1 项　就交流和教学而言，菲律宾的官方语言为菲律宾语和英语，除法律另有规定外。

第 2 项　地区语言是该地区辅助官方语言，并作为该地区辅助教学的媒介。

第 3 项　根据自愿和自选原则，推广西班牙语和阿拉伯语。

第 8 款

本宪法以菲律宾语和英语颁布，并应将其翻译为主要的地区语言、阿拉伯语及西班牙语。

第 9 款

国会应设立一个由不同地区和学科的代表组成的国家语言文字委员会，负责、协调和促进对菲律宾语和其他语言的发展、传播、保存的研究。

格鲁吉亚

格鲁吉亚，位于南高加索中西部。面积约 6.97 万平方公里。人口约 389.66 万（2022 年 1 月）。主要民族为格鲁吉亚族（占 86.8%），其他民族有阿塞拜疆族、亚美尼亚族、俄罗斯族及奥塞梯族、阿布哈兹族、希腊族等。官方语言为格鲁吉亚语，居民多通晓俄语。主要信奉东正教，少数信奉伊斯兰教。首都第比利斯。

1995 年宪法是格鲁吉亚独立后的第一部宪法，后历经十余次修正，最新一次修正时间是 2020 年。本书译文依据的是 2018 年宪法文本。

格鲁吉亚宪法

（1995 年 8 月 24 日通过）

第一章　总则

第 2 条　国家象征

第 3 款　格鲁吉亚的官方语言为格鲁吉亚语，在阿布哈兹自治共和国还包括阿布哈兹语。官方语言受到组织法保护。

第二章　基本人权

第 11 条　平等权利

第 1 款　法律面前人人平等。禁止任何基于种族、肤色、性别、民族、语言、宗教、政治见解、社会属性、财产或所有权状况、居住地和其他因素受到的歧视。

第2款 依照公认的国际法和格鲁吉亚法律的原则与准则的规定，格鲁吉亚公民不论其民族、宗教或语言，有权不受任何歧视和干涉地维护发展自己的文化，在个人生活中公开地使用自己的母语。

第六章 司法机关和检察院

第62条 诉讼程序

第4款 诉讼程序以官方语言进行。应当为不掌握诉讼语言的人提供翻译。

哈萨克斯坦

哈萨克斯坦，国名全称为哈萨克斯坦共和国。哈萨克斯坦位于亚洲中部。面积约272.49万平方公里。人口约1,912.5万（2022年1月）。约有140个民族，其中哈萨克族占68%，俄罗斯族占20%。哈萨克语为国家语言，官方语言为哈萨克语和俄语。多数居民信奉伊斯兰教（逊尼派）。此外，还有东正教、天主教和佛教等。首都努尔苏丹。

现行宪法于1995年8月30日以全民公决形式通过。后历经1998、2007、2011、2017和2019年修正。本书译文依据的是2017年宪法文本。

哈萨克斯坦共和国宪法

（1995年8月30日通过）

第一章　总则

第7条

第1款　在哈萨克斯坦共和国，哈萨克语是国家语言。

第2款　各种国家组织和地方自治机关可以与使用哈萨克语一样，正式使用俄语。

第3款　国家应当创造条件以研究和发展哈萨克斯坦人民的各种语言。

第二章　人和公民

第 14 条

第 2 款　任何人都不应当由于出身、社会地位、财产状况、职业、性别、民族和种族、国籍、语言、宗教态度、信仰、居住地点等原因，或者由于任何其他情况而受到歧视。

第 19 条

第 2 款　每个人都有使用本民族语言和文化的权利，有自由选择交际用语、教育用语、学习用语和创作用语的权利。

第三章　总统

第 41 条

第 2 款　凡在共和国出生、年满 40 岁、熟练掌握国家语言并且在哈萨克斯坦定居 15 年以上受过高等教育的共和国公民，可以当选为共和国总统。宪法可以规定总统候选人的其他要求。

第四章　议会

第 58 条

第 1 款　议会上院（参议院）和议会下院（马日利斯）分别采取无记名投票方式，以本院全体代表 1/2 以上多数从其代表中选举产生的、熟练掌握国家语言的议长领导本院。上院议长的候选人，由哈萨克斯坦共和国总统提出。下院议长的候选人，由本院代表提出。

第九章　最后条款和过渡条款

第 93 条

为执行本宪法第 7 条的规定，政府、地方代表机关和执行机关有义务创造一切必要的组织条件、物质条件和技术条件，以便哈萨克斯坦共和国的所有公民可以依照专门法律的规定自愿地且免费地学习国家语言。

吉尔吉斯斯坦

吉尔吉斯斯坦，国名全称为吉尔吉斯共和国。吉尔吉斯斯坦位于中亚东北部。面积约 19.99 万平方公里。常住人口登记数量为约 668.32 万人（2021 年 12 月）。有 80 多个民族，其中吉尔吉斯族占 73.6%，乌兹别克族占 14.8%，俄罗斯族占 5.3%，东干族占 1.1%，维吾尔族占 0.9%，塔吉克族占 0.9%，土耳其族占 0.7%，哈萨克族占 0.6%，其他为鞑靼、阿塞拜疆、朝鲜、乌克兰等民族。吉尔吉斯语为国家语言，俄语也可作为官方语言使用。80% 以上居民信仰伊斯兰教，多数属逊尼派。首都比什凯克。

2010 年 6 月 27 日经全民公投通过了新宪法，后经 2016 年修正。本书译文依据的是 2016 年宪法文本。

吉尔吉斯共和国宪法

（2010 年 6 月 27 日通过）

序言

我们，吉尔吉斯斯坦人民：

（三）对国家的未来表示坚定不移的信念和顽强的意志，以发展和提高吉尔吉斯的国家地位，保护国家主权和人民团结，发展语言和文化。

第一编　宪政制度的原则

第10条

第1款　吉尔吉斯共和国的国家语言是吉尔吉斯语。

第2款　在吉尔吉斯共和国，俄语也可以作为官方语言使用。

第3款　吉尔吉斯共和国保障组成吉尔吉斯斯坦人民的各个民族享有保留母语的权利，并保证创造条件研究和发展母语。

第二编　人和公民的权利与自由

第一章　一般原则

第16条

第2款　任何人不得因为性别、种族、语言、残障、民族、宗教、年龄、政治信仰和其他信仰、教育程度、家庭出身、财产状况或其他状况的特点，以及其他情况的差别而遭受歧视。

第二章　人的权利和自由

第45条

第3款　国家创造条件使每个公民都能从学龄前教育机构和普通基础教育机构开始学习国家语言、官方语言和一种国际语言。

第三编　吉尔吉斯共和国总统

第62条

第1款　年龄在35岁至70岁之间、掌握国家语言、在吉尔吉斯共和国居住15年的吉尔吉斯共和国公民，可以当选总统。有犯罪前科且尚未被依照法定程序撤销或者取消前科的公民，不得当选为吉尔吉斯共和国总统。

柬埔寨

柬埔寨，国名全称为柬埔寨王国。柬埔寨位于中南半岛南部。人口约 1,600 万。高棉族占总人口 80%，华人华侨约 110 万。官方语言为高棉语[①]。首都金边。

现行宪法于 1993 年 9 月 21 日经制宪会议通过，1993 年 9 月 24 日国王诺罗敦·西哈努克陛下颁布签署生效。后历经 1994、1999、2001、2005、2006、2008 和 2014 年修正。本书译文依据的是 2008 年宪法文本。

柬埔寨王国宪法

（1993 年 9 月 21 日通过）

第一章　主权

第 5 条

国家官方语言和文字是高棉语和高棉文字。

第三章　柬埔寨公民的权利和义务

第 31 条

第 2 款　不分民族和种族、肤色、性别、语言、宗教信仰、政治

---

① 高棉语又称柬埔寨语，属于南亚语系孟–高棉语族，以金边口音为标准。

倾向、出身、社会地位、财产或其他情况，柬埔寨公民在法律面前一律平等，享有同等的权利、自由，履行同等的义务。任何个人权利和自由的行使不得影响他人的权利和自由的行使。这种权利和自由的行使应当符合法律规定。

第六章　教育、文化、社会事务

第 67 条

第 1 款　国家按照现代教育原则实行教育计划，将科技和外国语言纳入教育计划之中。

第 69 条

第 2 款　国家应采取必要措施保护和发扬高棉语。

卡塔尔

卡塔尔，国名全称为卡塔尔国。卡塔尔位于波斯湾西南岸的卡塔尔半岛上。面积约 11,521 平方公里。人口约 281.1 万，其中卡塔尔公民约占 15%。外籍人主要来自印度、巴基斯坦和东南亚国家。阿拉伯语为官方语言，通用英语。居民大多信奉伊斯兰教，多数属逊尼派中的瓦哈比教派，什叶派占全国人口的 16%。首都多哈。

2003 年 4 月，卡塔尔全民公投通过“永久宪法”，2005 年 6 月 7 日正式生效。后无修正。

卡塔尔国永久宪法

（2003 年 4 月 29 日通过）

第一章　国家和政体基础

第 1 条

卡塔尔是有独立主权的阿拉伯国家。国教为伊斯兰教，伊斯兰教法是立法的主要渊源，国家政治制度是民主制，官方语言为阿拉伯语。卡塔尔人民是阿拉伯民族的一部分。

第三章　权利和义务

第 35 条

公民不分性别、出身、语言或宗教信仰，在法律面前一律平等。

第四章 权力组织

第三节 立法权

第80条

协商会议成员资格如下：

第3项 能够流利地读、写阿拉伯语。

科威特

科威特，国名全称为科威特国。科威特位于亚洲西部波斯湾西北岸。面积约 17,818 平方公里。人口约 477.6 万，其中科威特籍人约占 30%。官方语言为阿拉伯语。伊斯兰教为国教，居民中 85% 信奉伊斯兰教，其中约 70% 属逊尼派，30% 为什叶派。首都科威特城。

1962 年 11 月 12 日正式颁布宪法，1963 年 1 月 29 日生效。1985 年宪法中止，1992 年重新启用。本书译文依据的是 1992 年宪法文本。

科威特国宪法

（1962 年 11 月 12 日颁布）

第一章　国家和统治制度

第 3 条

国家的官方语言是阿拉伯语。

第三章　权利和义务

第 29 条

公民在尊严上一律平等，在有关公共权利和义务的法律面前一律平等，不因性别、出身、语言或宗教而区别对待。

老 挝

老挝，国名全称为老挝人民民主共和国。老挝是一个位于中南半岛北部的内陆国家。面积约23.68万平方公里。人口约733.8万（2021年）。分为50个民族，分属老泰语族系、孟–高棉语族系、苗–瑶语族系、汉–藏语族系，统称为老挝民族。官方语言为老挝语。居民多信奉佛教。首都万象。

1991年8月，老挝最高人民议会第二届六次会议通过了老挝人民民主共和国第一部宪法。后经2003和2015年修正。本书译文依据的是2015年宪法文本。

老挝人民民主共和国宪法

（1991年8月15日通过）

第十三章　语言、文字、国徽、国旗、国歌、国庆节、货币和首都

第110条

老挝语和老挝文是老挝人民民主共和国的官方语言和文字。

黎巴嫩

黎巴嫩，国名全称为黎巴嫩共和国。黎巴嫩位于亚洲西南部地中海东岸。面积约10,452平方公里。人口约607万（2020年），绝大多数为阿拉伯人。阿拉伯语为官方语言，通用法语、英语。居民54%信奉伊斯兰教，主要是什叶派、逊尼派和德鲁兹派；46%信奉基督教，主要有马龙派、希腊东正教、罗马天主教和亚美尼亚东正教等。首都贝鲁特。

宪法于1926年5月23日颁布。后经1927、1929、1943、1947、1948、1990、1995和2004年修正。本书译文依据的是2004年宪法文本。

黎巴嫩共和国宪法

（1926年5月23日颁布）

第一章　基本条款

第二节　黎巴嫩人的权利和义务

第11条

阿拉伯语是国家的官方语言，使用法语的场合由法律规定。

马尔代夫

马尔代夫，国名全称为马尔代夫共和国。马尔代夫是印度洋上的群岛国家。总面积约 11.53 万平方公里（含领海面积），陆地面积约 298 平方公里。人口约 55.7 万（其中马尔代夫籍公民为 37.9 万，均为马尔代夫族）。国家语言为迪维希语，上层社会通用英语。伊斯兰教为国教，属逊尼派。首都马累。

2008 年 8 月 7 日，加尧姆批准了由马尔代夫制宪会议提交的新宪法。后经 2015、2018 和 2020 年修正。本书译文依据的是 2008 年宪法文本。

马尔代夫共和国宪法

（2008 年 8 月 7 日通过）

第一章　国家、主权与公民

第 11 条　国家语言

马尔代夫国家语言为迪维希语。

第二章　基本权利与自由

第 51 条　被告人的权利

被指控犯罪的人享有如下权利：

第 1 项　以其通晓的语言立即被告知具体罪行。

第 4 项　当被告人不理解进行诉讼所使用的语言，或被告人是聋人或哑人时，由国家提供一名翻译人员。

第 67 条　责任与义务

基本权利和自由的行使与享有与责任和义务的履行不可分割，每位公民有责任履行责任和义务：

第 7 项　保存与保护伊斯兰国教、文化、语言与国家遗产。

马来西亚

马来西亚由 13 个州和 3 个联邦直辖区组成，位于东南亚。面积约 33 万平方公里。人口约 3,270 万（2022 年），其中马来人 69.4%，华人 23.2%，印度人 6.7%，其他种族 0.7%。马来语为国家语言，通用英语，华语使用较广泛。伊斯兰教为国教，其他宗教有佛教、印度教和基督教等。首都吉隆坡。

1957 年颁布马来亚宪法，1957 年 8 月 31 日生效。1963 年马来西亚成立后继续沿用，改名为马来西亚联邦宪法。后历经三十余次修正，最新一次修正时间是 2019 年。本书译文依据的是 2007 年宪法文本。

马来西亚联邦宪法

（1957 年 7 月 11 日通过）

第三编　国籍

第一章　国籍的获得

第 16 条　国籍登记（独立日前在联邦内出生的人）

除第 18 条另有规定外，任何年满或者超过 18 周岁、在独立日之前在联邦出生的人，有权向联邦政府提出申请登记为公民，但应证明符合联邦政府规定的下列条件：

第 4 项　基本通晓马来语。

第 16A 条　国籍登记（在马来西亚日居住于沙巴州和沙捞越州的人）

除第 18 条另有规定外，任何年满或者超过 18 周岁、在马来西亚日经常居住于沙巴州和沙捞越州的人，有权在 1971 年 9 月之前向联邦政府提出申请登记为公民，但应证明符合联邦政府规定的下列条件：

第 4 项　如果申请人经常居住于沙捞越州，则须通晓马来语、英语或者沙捞越州通用的地方语言，但在 1965 年 9 月之前提出申请，且申请提出当日申请人已满 45 周岁者不在此限。

第 19 条　经由归化获得国籍

第 1 款　除第 9 款另有规定外，联邦政府根据已满或者超过 21 周岁的非公民的申请，得向其颁发归化证书，但申请人须符合下述条件：

第 3 项　熟练掌握马来语。

第 2 款　除第 9 款另有规定外，联邦政府在其认为适当的特定情形下，根据已满或者超过 21 周岁的非公民的申请，得向其颁发归化证书，但申请人须符合下述条件：

第 3 项　熟练掌握马来语。

第十一编　针对颠覆、有组织暴乱和危害公众安全犯罪的特别权和紧急权

第 150 条　宣告紧急状态

第 6A 款　第 5 款之规定不得视为将国会权力扩大至有关伊斯兰教法律、原住民习俗的事项，或者有关沙巴州、沙捞越州原住民的法律或者习俗的事项；与本宪法有关的上述事项，或者与有关宗教、公民权和语言有抵触的任何规定，不得因有第 6 款的规定而宣告有效。

第十二编　通则和附则

第152条　国家语言

第1款　马来语为国家语言，其拼写由国会立法决定，但是：

第1项　不得禁止和妨碍使用、教授和学习（除官方目的之外的）其他语言。

第2项　本款规定不影响联邦政府和各州政府对联邦内其他民族语言的使用和研究进行扶持的权力。

第2款　尽管有第1款规定，自独立日后10年期间，及其后在国会另行规定以前，在国会两院、各州立法议会，以及其他一切官方活动均可使用英语。

第3款　尽管有第1款规定，自独立日后的10年期间，及其后在国会另行规定以前，下列正式文本应当使用英语：

第1项　向国会各院提出的所有法案或者修正案。

第2项　国会立法和联邦政府颁布的所有辅助立法。

第4款　尽管有第1款规定，自独立日后的10年期间，及其后在国会另行规定以前，联邦法院、上诉法院或高等法院所有诉讼程序应当使用英语。

但如果法院和双方律师协商同意，取证时证人使用的语言不必译为英语或者用英语记录。

第5款　尽管第1款有其规定，除国会另有规定外，各下级法院的所有诉讼，除取证外，应当一律使用英语。

第160条　解释

第2款　除非上下文另有规定外，本宪法中下列表述有其固定的含义：

第26项　“马来人”意指信仰伊斯兰教、使用马来语、依循马来习俗的人，且：

第 1 目　在独立日之前出生于联邦或者新加坡，或者其父母出生于联邦或者新加坡，或者在独立日定居于联邦或者新加坡。

第 2 目　上述人的子女。

第 160B 条　权威文本

当本宪法被译为官方语言后，最高元首得规定此官方语言文本为权威文本；如果此官方语言文本和英语文本之间存在冲突和不一致，则官方语言文本优于英语文本。

第十二编之一　对沙巴州、沙捞越州的特殊保障

第 161 条　沙巴州、沙捞越州英语和原住民语言的使用

第 1 款　根据第 152 条第 2 款至第 5 款制定的终止和限制使用英语的国会立法，在马来西亚日之后 10 年内，对本条第 2 款有关使用英语的任何事项不予适用。

第 2 款　第 1 款的规定适用于：

第 1 项　代表或来自沙巴州或沙捞越州的议员，在国会各院使用英语。

第 2 项　在沙巴州和沙捞越州高等法院或者初等法院诉讼程序中使用英语；或者在第 4 款规定的联邦法院和上诉法院诉讼程序中使用英语。

第 3 项　在沙巴州、沙捞越州立法议会或者为了其他官方目的（包括联邦政府的官方目的）使用英语。

第 3 款　在不影响第 1 款规定的情形下，该款规定的国会立法及其相关规定，如果涉及沙巴州、沙捞越州高等法院的诉讼，或者在联邦法院、上诉法院根据第 4 款进行的诉讼中对英语的使用，其除非获

得沙巴州、沙捞越州立法议会的立法批准，否则不得施行；该国会立法及其相关规定，如果涉及第2款第2项、第3项规定在沙巴州、沙捞越州其他方面使用英语，则除非获得沙巴州、沙捞越州立法议会的立法批准，否则不得施行。

第5款 尽管第152条有规定，沙巴州、沙捞越州通用的原住民语言得用于原住民法庭或者任何原住民法律和习惯；除沙巴州立法议会另有规定外，议员可以在立法议会及其委员会中使用其原住民语言。

第161E条 对沙巴州、沙捞越州宪法地位的保障

第2款 除取得沙巴州、沙捞越州州首脑的同意外，不得对本宪法进行修改而影响到宪法对于下列事项的施行：

第4项 各州的宗教，在各州使用或者在国会使用的语言，以及给予各州原住民的特别待遇。

蒙　古

蒙古，国名全称为蒙古国。位于亚洲中部。面积约156.65万平方公里。人口约340万（2022年6月）。喀尔喀蒙古族①约占全国人口的80%，此外还有哈萨克等少数民族。国家官方语言为蒙古语。居民主要信奉喇嘛教。首都乌兰巴托。

现行宪法于1992年1月经蒙古人民共和国大人民呼拉尔通过，同年2月12日起生效。后经2001和2019年修正。本书译文依据的是2001年宪法文本。

蒙古国宪法

（1992年1月13日通过）

第一章　蒙古国主权

第8条

第1款　蒙古语是国家官方语言。

第2款　本条第1款的规定不影响使用其他语言的少数民族用本民族语言开展学习和交往以及从事文化、艺术和科学活动的权利。

---

① 喀尔喀最初为清朝漠北蒙古族诸部的名称，因为最初分布于哈拉哈河（又译为喀尔喀河）而得名。喀尔喀人（Khalkha-Mongols）是蒙古民族中较大的一支，占蒙古国居民的80%以上，中国境内也有少数喀尔喀部落存在。

第二章 人权、自由

第14条

第2款 任何人都不得因民族出身、语言、种族、年龄、性别、社会出身和地位、财产、职业和职务、宗教和良知、信念和见解、教育程度而受歧视。每个人在法律面前都具有主体资格。

第三章 蒙古国国家制度

第四节 司法机关

第53条

第1款 审判应使用蒙古语。

第2款 对不懂蒙古语的当事人，应通过翻译使其完全明晰案件事实，并有权在审判中使用其母语陈述。

孟加拉国

孟加拉国，国名全称为孟加拉人民共和国。孟加拉国位于南亚次大陆东北部的恒河和布拉马普特拉河冲积而成的三角洲上。面积约147,570平方公里。人口约1.7亿。孟加拉族占98%，另有20多个少数民族。孟加拉语为国家语言，英语为官方语言。伊斯兰教为国教，穆斯林占总人口的88%。首都达卡。

1972年11月4日，孟加拉国立宪大会通过孟加拉国宪法，1972年12月16日生效。后历经1988、1989、1990、1991、1996、2004、2011、2014和2018年修正。本书译文依据的是2014年宪法文本。

孟加拉人民共和国宪法

（1972年11月4日通过）

第一章　共和国

第3条　国家语言

共和国国家语言是孟加拉语。

第二章　国家政策的基本原则

第9条　民族主义

孟加拉民族具有语言和文化上的统一性，通过在独立战争中团结和顽强拼搏获得了主权与民族独立，这就是孟加拉民族主义的基础。

第23条　国家文化

国家应当采取有效措施保护人民的文化传统和文化遗产，促进民族语言、文学、艺术发展，使各阶层人们能够有机会为丰富民族文化作出贡献并参与其中。

第三章　基本权利

第38条　结社自由

公民不应组织如下社团和工会，或成为如下社团和工会的一员：

第2项　旨在造成公民之间因宗教、民族、种姓、性别、出生地或语言的差异而造成的歧视。

第十一章　其他规定

第153条　生效、援引和有效性

第2款　本宪法有孟加拉语正本和翻译成英语的正本，两者都经过立宪大会议长的认证。

第3款　依据第2款认证的文本是本宪法条文的最终依据：

如果英语文本和孟加拉语文本有冲突，应以孟加拉语文本为准。

缅　甸

缅甸，国名全称为缅甸联邦共和国。缅甸位于中南半岛西部。面积约 676,578 平方公里。人口约 5,458 万（2020 年 4 月）。共有 135 个民族，主要有缅族、克伦族、掸族、克钦族、钦族、克耶族、孟族和若开族等，缅族约占总人口的 65%。官方语言为缅甸语，各少数民族均有自己的语言，其中克钦、克伦、掸和孟等民族有文字。全国 85% 以上的人信奉佛教，约 8% 的人信奉伊斯兰教。首都内比都。

2008 年 5 月，新宪法草案经全民公决通过，并于 2011 年 1 月 31 日正式生效。后经 2015 年修正。本书译文依据的是 2015 年宪法文本。

缅甸联邦共和国宪法

（2008 年 5 月 29 日通过）

第一章　联邦基本原则

第二节　基本原则

第 22 条

国家应支持：

第 1 项　发展各民族的语言、文学、优秀艺术与文化。

第八章　公民、公民的基本权利和义务

第 354 条

在不违反为维护国家安全、法律与秩序以及社会和平与安宁或公共秩序与道德而制定的法律的情况下，所有公民可自由行使下列权利：

第 4 项　在不损害民族关系及其宗教关系的前提下，发展各自的语言、文学、所热爱的文化、所信仰的宗教。

第十五章　一般条款

第 450 条

缅甸语是官方语言。

第 452 条

对本宪法序言、条款、表述、字词和理念的解释只以缅甸语文本为基础。

第 454 条

本宪法的缅甸语文本应保存于国家档案馆。该文本是本宪法条款的决定性证据。

尼泊尔

尼泊尔，国名全称为尼泊尔联邦民主共和国。它是一个南亚内陆山国，位于喜马拉雅山南麓。面积约 14.7 万平方公里。人口约 3,000 万（2020 年）。它是一个多民族、多宗教、多种姓、多语言国家。尼泊尔语为官方语言，上层社会通用英语。居民 86.2% 信奉印度教，7.8% 信奉佛教，3.8% 信奉伊斯兰教，2.2% 信奉其他宗教。首都加德满都。

2015 年 9 月，尼泊尔颁布新宪法，后经 2016 年和 2020 年修正。本书译文依据的是 2016 年宪法文本。

尼泊尔联邦民主共和国宪法

（2015 年 9 月颁布）

序言

我们，尼泊尔人民，在行使我们固有的主权权力时：

（四）消除与阶级、民族和种姓、地域、语言、宗教和性别有关的一切歧视，包括所有形式的种族不可接触性，以保护和促进多样性的统一，从而包容多族、多语言、多元文化和不同的地理特点，促进社会和文化的团结，宣扬宽容与和谐的态度，我们决心根据包容和参与的原则建立平等社会，以确保公平的经济、繁荣和社会正义。

第一章　序言

第 3 条　民族国家

拥有多民族、多语言、多种宗教信仰和多元文化特征的共同愿望，居住在不同地区的尼泊尔人以忠于尼泊尔国家独立、统一、国家利益和繁荣为纽带联合起来，所有尼泊尔人共同构成民族国家。

第 6 条　国家语言

在尼泊尔，作为母语使用的所有语言都是尼泊尔的国家语言。

第 7 条　官方语言

第 1 款　以天城体字母[①]书写的尼泊尔语是官方语言。

第 2 款　除尼泊尔语外，各省可以根据省法的规定，选择省内大多数人所说的一种或多种语言为官方语言。

第 3 款　与语言有关的其他事项应由尼泊尔政府根据语言委员会的建议决定。

第三章　基本权利与义务

第 17 条　自由权

第 2 款　任何公民享有以下自由：

第 3 项　组成政党的自由

条件是：第 3 项的规定不得被解释为禁止制定设定合理的限制法律，以规范可能瓦解尼泊尔主权和统一，或针对国家的间谍行为，或泄露国家机密的行为，或帮助可能危及尼泊尔安全的外国国家或组织的行为，或叛国行为，或破坏联邦单位之间存在的和谐关系的行为；或煽动社区敌意，或可能危害各种种姓、民族、宗教团体和社区之间

① 也译为“梵文字母”。

的和谐关系，或仅以种姓、语言、宗教、社区或性别为由获得或剥夺政党成员资格的行为，或组建对公民产生歧视的政党，以及可能煽动暴力或可能与公共道德相违背的行为。

第18条　平等权

第2款　不得因出身、宗教、种族、种姓、部落、性别、身体状况、残障、健康状况、婚姻状况、怀孕、经济条件、语言或地理区域、思想或其他情况而在法律适用上区别对待任何公民。

第3款　国家不因出身、宗教、种族、种姓、部落、性别、经济条件、语言或地理区域、思想和其他事项，区别对待公民。

条件是：不被认为是阻止法律上特定条款的执行，这些条款保护、赋权或提高在社会和文化方面落后的妇女和贱民的地位，诸如达利特人、阿迪巴西人、玛德西人、瑟鲁斯人、穆斯林、被压迫阶级、落后社区、少数民族、边缘化群体、农民、劳动者、青年、儿童、老年公民、性别上的少数群体、残障人士、孕妇、无行为能力者和无助者，以及属于落后地区的公民和经济贫困的公民，包括卡斯人[①]。

解释：关于第3款和第4款提到的“利益上的丧失”意指收入低于联邦法律规定的人。

第32条　语言与文化权

第1款　任何公民和族群都有权使用自己的语言。

第3款　任何居住在尼泊尔的族群都有权保留和完善自己的语言、文字、文化、文化礼仪和遗产。

---

① 达利特人、阿迪巴西人、玛德西人、瑟鲁斯人都是在尼泊尔境内生活的种姓或部落。卡斯人是印度教徒，被认为是雅利安人后裔。

第四章　国家义务、指导原则和政策

第 51 条　国家政策

国家应继续实行下列政策：

第 1 项　有关民族团结和国家安全的政策

第 2 目　通过种姓、民族、宗教、语言和文化群体与社区之间的相互了解、包容和团结、发展联邦群体之间的相互合作关系，促进民族团结。

第 3 项　有关社会和文化转型的政策

第 6 目　在平等的基础上，保护和发展不同种姓和社区的语言、文字、文化、文学、艺术电影和财产，同时维护国家的文化多样性。

第 7 目　实行多语制。

第三十二章　附则

第 287 条　语言委员会

第 1 款　尼泊尔政府设立语言委员会，以确保本宪法生效后一年内各省均有代表加入。

第 2 款　语言委员会根据需要设立主席和委员。

第 3 款　主席和语言委员会委员的任期自任命之日起 6 年，无连任资格。

第 4 款　具有以下资格的人可被任命为语言委员会主席或委员：

第 1 项　从受认可的大学获得有关学科的硕士学位。

第 2 项　在对尼泊尔各种语言的研究、教学方面至少有 20 年的经验。

第 3 项　年满 45 周岁。

第 4 项　品行高尚。

第 5 款 如有下列情况之一，主席或语言委员会委员的职位应告空缺：

第 1 项 以书面形式提出辞职的。

第 2 项 尼泊尔政府部长理事会将其免职的。

第 3 项 年满 65 周岁。

第 4 项 不幸离世的。

第 6 款 权力、职责和语言委员会的权力如下：

第 1 项 确定一种语言获得官方语言地位的基础，并向尼泊尔政府提出建议。

第 2 项 就保护、促进和发展语言方面将采取的措施向尼泊尔政府提出建议。

第 3 项 衡量母语发展的标准，并就其在教育中的潜力向尼泊尔政府提出建议。

第 4 项 开展语言的研究、监测和学习。

第 7 款 语言委员会应在成立后的 5 年内完成第 3 条第 1 款所述的任务。

第 8 款 尼泊尔政府可与省政府协调，在各省设立语言委员会的分支机构。

第 9 款 其他权利、义务和语言委员会的权力及程序由联邦法律确定。

第三十四章　定义和解释

第 306 条　定义与解释

第 1 款 在本宪法中，除非主题或上下文另有规定，否则：

第 1 项 “少数人”指以下种姓、语言和宗教群体，其人口数量少于法律规定的数量，有自己的特性，受到保护；它也特指受到歧视和骚扰的群体。

第三十五章　简称、生效和废除

附表二　尼泊尔国歌（与第9条第1款有关）

我们是尼泊尔人，唯一一个拥有百花的国家，领土主权从梅吉向着马卡里延伸。

我们尼泊尔人是百花编成个花团，领土主权从梅吉向着马卡里延伸。积聚着万千个万千个自然的遗产，勇士们的鲜血换来了独立和安稳。

知识之地和平之地特莱高原山坡，我们不可分割的亲爱祖国尼泊尔。

多元种族言语宗教文化多么广博，我们进步的国家万岁万岁尼泊尔。

附表六　省级权力/管辖区清单（与第57条（二）、162条（四）、197条、231条（三）、232条（七）、274条（四）和296条（四）有关）

十八、语言、文化、文字、美术和宗教的保护和使用。

附表八　地方一级的权力/管辖区清单（与57条（四），214条（二），221条（二）和226条（一）有关）

二十二、语言、文化和美术的保存和发展。

沙特阿拉伯

沙特阿拉伯，国名全称为沙特阿拉伯王国。沙特阿拉伯位于阿拉伯半岛。面积约225万平方公里。人口约3,617万，其中沙特公民约占62%。官方语言为阿拉伯语。伊斯兰教为国教，逊尼派占85%，什叶派占15%。首都利雅得。

沙特是君主制王国，禁止政党活动。无宪法。1992年3月1日，法赫德·阿卜杜勒·阿奇兹国王颁布《沙特阿拉伯王国治国基本法》。后历经1993、2003、2005、2007和2013年修正。本书译文依据的是2013年宪法文本。

沙特阿拉伯王国治国基本法

（1992年3月1日颁布）

第一章　总纲

第1条

第4款　官方语言为阿拉伯语。

斯里兰卡

斯里兰卡，国名全称为斯里兰卡民主社会主义共和国。斯里兰卡是一个位于南亚次大陆以南印度洋上的岛国。面积约 65,610 平方公里。人口约 2,167 万（2018 年）。僧伽罗族占 74.9%，泰米尔族占 15.3%，摩尔族占 9.3%，其他占 0.5%。僧伽罗语、泰米尔语同为国家语言和官方语言，英语是共通语。居民 70.1% 信奉佛教，12.6% 信奉印度教，9.7% 信奉伊斯兰教，7.6% 信奉天主教和基督教。首都科伦坡。

现行宪法于 1978 年 8 月 16 日经斯里兰卡国会批准，1978 年 9 月 7 日生效。后历经十余次修正，最新一次修正时间是 2020 年。本书译文依据的是 2015 年宪法文本。

斯里兰卡民主社会主义共和国宪法

（1978 年 8 月 16 日斯里兰卡国会批准）

第三章　基本权利

第 12 条　平等权

第 2 款　任何公民均不得因民族、宗教、语言、种姓、性别、政治见解和出生地或任何类似因素受到歧视：

要求公民在合理时间内获取足够的语言知识作为就业或在公职机

构、司法机构或当地政府或供职于任何国营公司的任职条件是合法的，如果该语言对于这类岗位或职位的职能履行是充分且必要的；

要求公民获取足够的语言知识作为就业或在公职机构、司法机构或当地政府或供职于任何国营公司的任职条件也是合法的，如果这类岗位或职位的职能履行只能依靠该语言进行。

第3款 不论民族、宗教、语言、种姓、性别或其他因素，任何人都不应受到进入商店、公共饭店、旅店、公共娱乐场所或本人信奉的宗教的公共场所的限制或约束。

第14条 言论、集会、结社和游行自由等

第1款 每个公民均被赋予以下权利：

第6项 单独或集体地享受和促进自己的文化和使用自己语言的自由。

第四章 语言

第18条 官方语言

第1款 斯里兰卡的官方语言为僧伽罗语。

第2款 泰米尔语也是官方语言。

第3款 英语是共通语。

第19条 国家语言

斯里兰卡的国家语言为僧伽罗语和泰米尔语。

第20条 国会、省议会和地方政府对国家语言的使用

国会议员或省议会、地方政府的成员，应当使用一种国家语言在国会或在该省议会、地方政府中履行职责和发挥职能。

第21条 教学语言

第1款 公民有权通过任一国家语言接受教育：

但本款规定不适用于以国家语言之外的语言为教学语言的高等教

育机构。

第2款 对于从国家直接或间接获得财政资助的大学的任何课程、系、院，在以一门国家语言作为教学语言时，针对入学前以另一门国家语言作为教学语言接受教育的学生，另一门国家语言也应当在任何课程、系、院作为教学语言使用：

但如果另一门国家语言已在该大学的其他校区或分支或其他类似大学的类似课程、系或院中作为教学语言，不受前款限制。

第22条 政务语言

第1款 僧伽罗语和泰米尔语是斯里兰卡的政务语言。僧伽罗语作为斯里兰卡的政务语言，用以维护公共舆论和斯里兰卡所有省份公共机构的商业交易的秩序，但在北部和东部省份，泰米尔语应作为政务语言：

但考虑到使用僧伽罗语和泰米尔语的少数民族在一个助理政府代办处的区域单位内在该区域总人口中所占的比例，总统可以指令把僧伽罗语、泰米尔语或该地区所在省的政务语言之外的另一种语言作为该地区的行政语言。

第2款 在僧伽罗语作为政务语言的区域，以官方身份行事的公职人员以外的每个公民应被赋予以下权利：

第1项 使用泰米尔语或英语与任何以官方身份行事的公职人员交流或办理业务。

第2项 如果法律认可公民有权检查或从官方登记簿、记录、出版物或其他文件中获取副本或节录，该副本或节录应使用泰米尔语或英语。

第3项 对于以向其发行为目的的任何官方文件，通过泰米尔语或英语取得该文件或其译本。

第3款 参照本条第2款第1项、第2项和第3项的规定，在泰米尔语作为政务语言的区域，以官方身份行事的行政官员以外的每个公民均有权使用僧伽罗语和英语行使权利和获得服务。

第4款 使用僧伽罗语开展工作的省议会或地方政府，有权使用僧伽罗语与任何以官方身份行事的公职人员进行交流、取得联系和办理业务；用泰米尔语开展工作的省议会或地方政府，有权使用泰米尔语与任何以官方身份行事的公职人员进行交流、取得联系和办理业务：

但省议会、地方政府、公共机构或其他公职人员，在与使用不同政务语言的地区的省议会、地方政府、公共机构或其他公职人员进行业务交流时，有权使用英语进行交流、取得联系和办理业务。

第5款 公民在参加公共事务、司法事务、省级公共事务、当地政府事务或其他公共机构的录用考试时，有权以僧伽罗语、泰米尔语或根据其意愿选择的一门语言作为考试语言。被此类事务部门或公共机构录用后，语言技能对于其履行职责确属必要的，应在合理时间内充分掌握泰米尔语或僧伽罗语知识：

条件是公民充分掌握僧伽罗语或泰米尔语知识作为能否进入这类事务部门或公共机构工作的考量因素，如果不具备足够的语言技能，将无法履行其职责。

第23条 立法语言

第1款 所有法律和附属立法应以僧伽罗语和泰米尔语制定、颁布和发布，并附英语翻译：

在法律制定阶段，如果有文本间内容不一致的，由国会确定以何种文本为准；

对于已颁布、认可或制定的所有其他成文法律及其文本内容，如果文本间内容不一致的，亦应由国会确定以何种文本为准。

第 2 款 依据成文法律而非由省议会或地方政府制定或发布的所有法令、公告、规则、细则、条例、通告以及公报，应以僧伽罗语和泰米尔语在公报上发布，并附英语翻译。

第 3 款 省议会或地方政府依据成文法律制定或颁布的所有法令、公告、规则、细则、条例、通告以及由各团体或公共机构发布的包括通知、表单在内的所有文件，应以其所在行政区域使用的语言发布，并附英语翻译。

第 4 款 所有在宪法生效前有效的法律和附属立法，应以僧伽罗语和泰米尔语尽快在公报上公布。

第 24 条 法院语言

第 1 款 斯里兰卡所有法院应使用僧伽罗语和泰米尔语，除某些地区使用泰米尔语外，所有地区的法院均使用僧伽罗语。案卷和诉讼程序应以法院语言记载。如果该法院语言不是此诉讼首选的，法院亦应准备以法院语言审理。

但在内阁部长同意的前提下，司法部长可指示法院的案卷也应保存，并也可以以非法院语言行文。

第 2 款 当事人、申请人或该当事人、申请人的法定代理人，可用僧伽罗语或泰米尔语启动法律程序，向法院提交诉状及其他文件，以及参加该诉讼。

第 3 款 对不通晓法院语言的法官、陪审员、当事人、申请人或该当事人、申请人的法定代理人，有权要求用僧伽罗语或泰米尔语解释和翻译相关内容，以确保其能够理解并参与法律程序。同时，其有权依法获得以该语言做成的案卷或其译本的任何部分。

第 4 款 在内阁部长同意的前提下，司法部长可以特定的目的或与案卷和诉讼程序相关的目的，对法院案卷允许使用英语作出指示。法官应服从该指示。

第25条　为本章中语言的使用提供适当便利的规定

国家应当为本章中语言的使用提供适当的便利。

第六章　国家政策的指导原则和公民的基本义务

第27条　国家政策指导原则

第5款　国家加强民族团结，促进斯里兰卡包括不同种族、宗教、语言各界人民和其他组织之间的合作和相互信任，并且在教学、教育和信息领域采取有效措施以消除歧视和偏见。

第6款　国家确保所有公民机会平等，不因民族、宗教、语言、种姓、性别、政治见解和职业的原因而受到限制。

第10款　国家坚持促进人民的语言和文化发展。

第十四章之一　选举委员会

第104B条　委员会的权力、职责与职能

第5款

第3项　委员会依据第4条第1款和第5条第1款所述的指示和准则，用僧伽罗语、泰米尔语和英语在至少一份广泛发行的报纸上发布。

第十六章　高级法院

第126条　基本权利司法权及其行使

第1款　对于侵害或危及第三章或第四章宣告和承认的基本权利或语言权利的执行行为或行政行为，最高法院具有唯一和专属的管辖权进行审理和裁决。

第2款　当有人声称其基本权利或语言权利被执行行为或行政行

为侵害或将受其侵害时，其可在一个月之内自行或由律师代表，按照有关的法院规定向最高法院提出书面诉愿，以诉求最高法院予以纠正或救济。该申请只有首先获得许可方可由最高法院受理，该许可可由不少于两名法官作出批准或否决的决定。

第4款 对于本条第2款和第3款规定的诉愿或申请，最高法院在公平、公正的情况下有权给予救济或作出指示，最高法院认为未对基本权利或语言权利构成侵害的，可将其退回上诉法院。

第二十二章 解释

第170条 解释

在本宪法中——

第9项 “公职人员”指在共和国境内担任除司法人员以外的任何有报酬的公职工作的人，但不包括：

第21目 官方语言委员会成员。

附表九

附录I 法律和命令

14. 国家警察局和省警察局的所有公报人员，僧伽罗语和泰米尔语均须达到规定的标准，所有A. S. P.[①]级别及其以上的官员，英语也应达到规定的标准。

每个斯里兰卡警察机关的新招募者均应熟练掌握自己的母语。首次晋升时，其应当精通母语之外的另一种语言。再次晋升时，其应当掌握第三种语言的知识。用于此目的三种认可的语言是僧伽罗语、泰米尔语和英语。

---

① A. S. P. (Assistant Superintendent of Police) 助理警司，编者译。

塔吉克斯坦

塔吉克斯坦，国名全称为塔吉克斯坦共和国。塔吉克斯坦位于中亚东南部。面积约14.31万平方公里。人口约975万（2022年6月）。共有86个民族，其中塔吉克族约占80%，乌兹别克族占15.3%，俄罗斯族占1%。此外，还有鞑靼、吉尔吉斯、乌克兰、土库曼、哈萨克、白俄罗斯、亚美尼亚等民族。塔吉克语为国家语言，俄语为族际交际语言。多数居民信奉伊斯兰教，多数为逊尼派（帕米尔一带属什叶派）。首都杜尚别。

1994年11月6日，塔吉克斯坦以全民公决形式通过了独立后的第一部宪法。后历经1999、2003和2016年修正。本书译文依据的是2016年宪法文本。

塔吉克斯坦共和国宪法

（1994年11月6日通过）

第一章　宪政制度的原则

第2条

第1款　塔吉克斯坦的国家语言是塔吉克语。

第2款　俄语是族际交际语言。

第3款　在共和国境内居住的所有民族和部落，都有权自由地使用自己的语言。

第二章　人和公民的权利、自由与基本义务

第 17 条

第 1 款　所有人在法律和法院面前一律平等。国家不分民族、种族、性别、语言、宗教信仰、政治信仰、教育程度、社会地位和财产状况，保障每个人的权利和自由。

第 30 条

第 2 款　禁止进行挑起社会、种族、民族、宗教和语言仇视、敌视的宣传鼓动活动。

第四章　总统

第 65 条

第 2 款　每个年满 30 岁、拥有塔吉克斯坦唯一国籍、大学学历、掌握国家语言且在共和国境内连续居住不少于 10 年的塔吉克斯坦共和国公民，可以被提名为共和国总统候选人。

第八章　法院

第 88 条

第 4 款　诉讼程序使用国家语言或者本地区多数居民使用的语言。保障不掌握诉讼语言的案件参加人享有翻译服务。

泰　国

泰国，国名全称为泰王国。泰国位于中南半岛中南部。面积约51.3万平方公里。人口约6,617万（2020年）。全国共有30多个民族。泰族为主要民族，占人口总数的40%，其余为老挝族、华族、马来族、高棉族，以及苗、瑶、桂、汶、克伦、掸、塞芒、沙盖等山地民族。泰语为国家语言。90%以上的民众信仰佛教，马来族信奉伊斯兰教，还有少数民众信仰基督教、天主教、印度教和锡克教。首都曼谷。

现行宪法于2017年4月6日经哇集拉隆功国王御准生效。后无修正。

泰王国宪法

（2017年4月6日国王签署）

第三章　泰国人民的权利和自由

第27条

第3款　任何基于出身、民族、语言、性别、年龄、残障、身体或健康状况、个人身份、经济和社会地位、宗教信仰、教育或合乎宪法的政治观点或其他情况的不公正歧视，均被禁止。

土耳其

土耳其，国名全称为土耳其共和国。土耳其是一个地跨亚、欧两洲的国家。面积约 78.36 万平方公里，其中 97% 位于亚洲的小亚细亚半岛，3% 位于欧洲的巴尔干半岛。人口约 8,468 万（2021 年 12 月）。土耳其族占 80% 以上，库尔德族约占 15%。官方语言为土耳其语。99% 的居民信奉伊斯兰教，其中 85% 属逊尼派，其余为什叶派（阿拉维派）；少数人信仰基督教和犹太教。首都安卡拉。

现行宪法于 1982 年 11 月 7 日经全民公投通过，1982 年 12 月 9 日生效。后历经十余次修正，最新一次修正时间是 2017 年。本书译文依据的是 2017 年宪法文本。

土耳其共和国宪法

（1982 年 11 月 7 日通过）

第一编　总纲

三、国家的完整性、官方语言、国旗、国歌和首都

第 3 条

第 1 款　土耳其国家的领土和人民为不可分割的整体。官方语言是土耳其语。

十、法律面前人人平等

第10条

第1款 任何公民不论语言、民族和种族、肤色、性别、政治观点、哲学信仰、宗教、教派等因素，在法律面前一律平等。

第二编 基本权利和义务

第三章 社会、经济权利和义务

二、教育与培训的权利与义务

第42条

第9款 培训或者教育机构不得将土耳其语之外的任何一种语言作为母语教授给土耳其公民。教育和培训机构所教授的外语和使用外语授课的学校应予遵循的原则由法律规定。国际条约的规定予以保留。

第三编 共和国的主要机关

第二章 行政机关

四、行政机关

（七）阿塔图尔克文化、语言和历史高等研究院

第134条

第1款 成立“阿塔图尔克文化、语言和历史高等研究院”，受总统的监督和支持，隶属于总理府，由阿塔图尔克研究中心、土耳其语言学会、土耳其历史学会和阿塔图尔克文化中心组成，其宗旨为在阿塔图尔克精神的指引下，对阿塔图尔克的思想、原则和改革开展研究，对土耳其文化、土耳其历史和土耳其语言进行科学研究、出版和传播。

土库曼斯坦

土库曼斯坦是一个位于中亚西南部的内陆国家。面积约 49.12 万平方公里。人口约 572 万（2020 年 6 月）。主要民族有土库曼族（94.7%）、乌兹别克族（2%）、俄罗斯族（1.8%），此外，还有哈萨克、亚美尼亚、鞑靼、阿塞拜疆等 120 多个民族（1.5%）。国家语言为土库曼语，俄语为通用语。绝大多数居民信仰伊斯兰教（逊尼派），俄罗斯族和亚美尼亚族居民信仰东正教。首都阿什哈巴德。

2008 年 9 月，土库曼斯坦通过新宪法，10 月 8 日颁布。后经 2016 年修正。本书译文依据的是 2016 年宪法文本。

土库曼斯坦宪法

（2008 年 9 月 26 日颁布）

第一编　土库曼斯坦宪政制度的原则

第 21 条

土库曼斯坦的国家语言是土库曼语。保障土库曼斯坦的所有公民享有使用本民族语言的权利。

第二编　人和公民的权利、自由和义务

第 28 条

土库曼斯坦不分民族、肤色、性别、出身、财产和社会地位、居

住地、语言、宗教、政治信仰和其他情况均保障公民的权利和自由平等，并保障公民在法律面前一律平等。

第三编 土库曼斯坦的权力机关和管理机关体系

第二章 土库曼斯坦总统

第69条

在土库曼斯坦出生，年满40岁，掌握国家语言，在土库曼斯坦连续居住和工作满15年的土库曼斯坦公民，可以当选为土库曼斯坦总统。

第五章 司法权

第104条

诉讼程序使用国家语言，保障不掌握诉讼程序语言的案件参加人，享有借助翻译了解案件材料，参加司法活动的权利，以及在法庭上用母语发表演讲的权利。

文　莱

文莱，国名全称为文莱达鲁萨兰国。文莱位于加里曼丹岛西北部。面积约 5,765 平方公里。人口约 43 万（2021 年），其中马来人占 69.3%，华人占 10.8%，其他种族占 19.9%。马来语为官方语言，通用英语，华人使用华语较广泛。伊斯兰教为国教，其他还有佛教、基督教等。首都斯里巴加湾市。

1959 年 9 月 29 日颁布第一部宪法。后历经 1961、1963、1964、1983、1984、2004 和 2006 年修正。其中，2004 年宪法修改中规定，以马来语作为官方语言，英语可作为法庭办案语言等。本书译文依据的是 2006 年宪法文本。

文莱达鲁萨兰国宪法

（1959 年 9 月 29 日颁布）

第十一章　其他

第 82 条　官方语言

第 1 款　文莱达鲁萨兰国的官方语言是马来语。

第 2 款　本法、其他法律或议事规则，应印刷和出版官方的英语文本。英语文本同马来语一样，同样视为正式文本。

第 3 款　根据本条第 2 款出版的英语文本与马来语文本出现冲突时，以马来语文本为准。

乌兹别克斯坦

乌兹别克斯坦，国名全称为乌兹别克斯坦共和国。乌兹别克斯坦是一个位于中亚腹地的“双内陆国”，自身无出海口且5个邻国也均是内陆国。面积约44.89万平方公里。人口约3,540万（2022年4月）。共有130多个民族。乌兹别克族占83.8%，俄罗斯族占2.3%，塔吉克族占4.8%，哈萨克族占2.5%，此外，还有土库曼、乌克兰、维吾尔、亚美尼亚、土耳其、白俄罗斯等民族。乌兹别克语为国家语言，俄语为通用语言。多数居民信奉伊斯兰教（逊尼派），其余多信奉东正教。首都塔什干。

1992年12月8日乌兹别克斯坦共和国第二十届最高苏维埃第十一次会议通过第一部宪法。后历经1993、2003、2007、2011、2014和2017年修正。本书译文依据的是2011年宪法文本。

乌兹别克斯坦共和国宪法

（1992年12月8日通过）

第一编　基本原则

第一章　国家主权

第4条

第1款　乌兹别克语是乌兹别克斯坦共和国的国家语言。

第2款 乌兹别克斯坦共和国保证尊重居住在其境内的各个民族的语言、风俗和传统，并为它们的发展创造条件。

第二编 人和公民的基本权利、自由和义务

第五章 总则

第18条

第1款 乌兹别克斯坦共和国的所有公民享有同样的权利和自由，并不分性别、种族、民族、语言、宗教、社会出身、信仰、个人状况和社会地位，在法律面前一律平等。

第五编 国家权力组织

第十九章 乌兹别克斯坦共和国总统

第90条

第1款 凡年满35岁、熟练掌握国家语言、选举前在乌兹别克斯坦境内定居10年的乌兹别克斯坦共和国公民，可以当选为乌兹别克斯坦共和国总统。同一个人不得连续担任乌兹别克斯坦共和国总统两届以上。

第二十二章 乌兹别克斯坦共和国的司法权

第115条

乌兹别克斯坦共和国的诉讼活动，使用乌兹别克语、卡拉卡尔帕克语，或者使用当地多数居民的语言。保障不掌握诉讼语言的案件参加人享有充分了解案卷材料，通过翻译参加诉讼的权利，以及使用母语在法庭上发言的权利。

新加坡

新加坡，国名全称为新加坡共和国。新加坡位于马来半岛南端。面积约 733.1 平方公里（2021 年）。总人口约 545 万（2022 年），公民和永久居民约 399 万。华人占 74% 左右，其余为马来人、印度人和其他种族。马来语为国家语言，马来语、英语、华语、泰米尔语为官方语言，英语为政务用语。主要宗教为佛教、道教、伊斯兰教、基督教和印度教。首都新加坡。

1963 年 9 月，新加坡并入马来西亚后，颁布了州宪法。1965 年 12 月，新加坡议会制定《新加坡共和国独立法》（以下简称《独立法》）。新加坡《独立法》与 1955 年《新加坡州宪法》共同组成《新加坡共和国宪法》。后历经三十余次修正，最新一次的修正时间是 2016 年。本书译文依据的是 2016 年宪法文本。

新加坡共和国宪法

（1965 年 12 月 22 日通过）

第六编　立法机关

第 44 条　国会议员的资格

第 2 款　符合下列各项者具有国会议员候选人资格：

第 5 项　非盲人或其他身体残障者，应能流利地读写英语、马来语、华语或泰米尔语中至少一种语言，以便能积极参与国会议事。

第53条　国会中使用的语言

除非立法机关另有规定，国会内的一切辩论与讨论均以马来语、英语、华语或泰米尔语进行。

第十编　国籍

第123条　依登记而取得国籍

第1款　除本宪法另有规定外，凡居住于新加坡且年龄满21岁以上者，如果能向政府证明下列各项，即得以规定形式申请登记为新加坡公民：

第5项　具有马来语、英语、华语和泰米尔语之一的基本沟通能力：

但政府得准许45岁以上的申请人以及或聋或哑的申请人免除本项所规定的限制。

第127条　因归化而获得国籍

第1款　年满21岁的非新加坡公民，如果能向政府证实下列各项情况，即可依本条第4款的规定向政府申请归化证书：

第3项　具有运用官方语言的充分沟通能力。

第十二编　防止颠覆的特别权力以及紧急状况下的权力

第150条　紧急状态宣告

第5款

第2项　所有违反下列目的的法律均不能因为前款规定而生效：

第3目　本宪法关于宗教、国籍或语言的规定。

第十三编　一般条款

第152条　少数族群以及马来人的特殊地位

第2款　政府在行使其职权的过程中，应承认马来人作为新加坡原住民的特殊地位，应保护、保障、扶助、培育、增进他们在政治、教育、宗教、经济、社会、文化等方面的利益，以及他们的语言。

第 153A 条　官方语言以及国家语言

第 1 款　马来语、华语、泰米尔语和英语，是新加坡的四种官方语言。

第 2 款　新加坡的国家语言是马来语，使用拉丁字母。

但本条受下列限制：

第 1 项　不得禁止或阻碍任何人使用、讲授或学习任何其他语言。

第 2 项　本条不影响政府保护和支持新加坡境内其他任何社区的语言的使用和学习的权利。

叙利亚

叙利亚，国名全称为阿拉伯叙利亚共和国。叙利亚位于亚洲大陆西部。面积约 185,180 平方公里（包括被以色列占领的戈兰高地约 1,200 平方公里）。人口约 1,929 万（2022 年），其中阿拉伯人占 80% 以上，还有库尔德人、亚美尼亚人、土库曼人等。阿拉伯语为官方语言。居民中 85% 信奉伊斯兰教，14% 信奉基督教。穆斯林人口中，逊尼派占 80%（约占全国人口的 68%），什叶派占 20%，什叶派中，执政的阿拉维派占 75%（约占全国人口的 11.5%）。首都大马士革。

2012 年 2 月，叙利亚经全民公投通过新宪法。后经 2017 年修正。本书译文依据的是 2012 年宪法文本。

阿拉伯叙利亚共和国宪法

（2012 年 2 月 27 日通过）

第一章　基本原则

第一节　政治原则

第 4 条

阿拉伯语是国家的官方语言。

第二章　权利、自由和法律主权

第一节　权利和自由

第33条

第3款　公民享有同等的权利和义务，无性别、出身、语言、宗教或信仰之分。

亚美尼亚

亚美尼亚，国名全称为亚美尼亚共和国。亚美尼亚是一个位于亚洲与欧洲交界处的外高加索南部的内陆国。面积约 2.97 万平方公里。人口约 298.69 万（2022 年 5 月）。亚美尼亚族约占 96%，其他民族有俄罗斯族、乌克兰族、亚述族、希腊族、格鲁吉亚族、白俄罗斯族、犹太人、库尔德族等。国家语言为亚美尼亚语，居民多通晓俄语。主要信仰基督教。首都埃里温。

1995 年 7 月 5 日，亚美尼亚共和国以全民公决的形式通过了独立后的第一部宪法《亚美尼亚共和国宪法》，并于 1995 年 7 月 21 日正式公布实施。后经 2015 年和 2020 年修正。本书译文依据的是 2015 年宪法文本。

亚美尼亚共和国宪法

（1995 年 7 月 5 日通过）

第一章　宪政制度的原则

第 15 条　推广文化、教育和科学，保护亚美尼亚语言和文化遗产

第 2 款　亚美尼亚语和文化遗产受到国家的关怀和保护。

第 19 条　与亚美尼亚侨民的关系

第 2 款　亚美尼亚共和国在国际法原则和准则的框架内，促进位于他国的亚美尼亚语言的保护和亚美尼亚历史和文化价值的维护，协助发展亚美尼亚教育和文化生活。

第 20 条　亚美尼亚共和国国家语言

亚美尼亚语是亚美尼亚共和国的国家语言。

第二章　人和公民的基本权利与自由

第 27 条　个人自由权

第 2 款　每个被剥夺自由的人，都应当被立即告知被剥夺自由的原因。而在对其提起刑事指控时，应当用其通晓的语言告知被指控的情况。

第 29 条　禁止歧视

禁止任何人因性别、种族、肤色、民族或社会出身、相貌、语言、宗教、世界观、政治或任何其他见解、少数民族属性、财产状况、出生、残障、年龄以及个人的或社会的其他情况而受到歧视。

第 48 条　投票权和参与全民公决的权利

第 2 款　凡年满 25 岁、在过去 4 年中仅是亚美尼亚共和国公民且一直定居在亚美尼亚共和国的具有投票权、掌握亚美尼亚语的人，可以当选为议员。

第 56 条　维护国家和民族特性的权利

第 2 款　属于少数民族的人有维护和发展其传统、宗教、语言和文化的权利。

第 67 条　免受被指控权

每个被控犯罪的人都应享有——

第 1 项　以通晓的语言被告知指控的性质和理由的权利。

第五章　共和国总统

第 124 条　共和国总统的任期和要求

第 2 款　凡年满 40 周岁、在过去 6 年中仅是亚美尼亚共和国公民且一直定居在亚美尼亚共和国的具有投票权、掌握亚美尼亚语的人，可以被选举为共和国总统。

第七章　法院和最高司法委员会

第 165 条　法官候选人的要求

第 4 款　法官候选人需要掌握亚美尼亚语。

也　门

也门，国名全称为也门共和国。也门位于阿拉伯半岛西南端。面积约 52.8 万平方公里。人口约 2,980 万。绝大多数是阿拉伯人，官方语言为阿拉伯语。伊斯兰教为国教，什叶派占 20%—25%，逊尼派占 75%—80%。首都萨那。

1989 年 11 月，原北、南方领导人萨利赫和比德签署“统一宪法草案”。1990 年 5 月，北、南双方议会分别通过该宪法草案。1991 年通过。后历经 1994 年、2001 和 2015 年修正。本书译文依据的是 2015 年宪法文本。

也门共和国宪法

（1991 年 5 月全民公投通过）

第一章　国家基础

第一节　政治基础

第 2 条

伊斯兰教是国家的宗教，阿拉伯语是国家的官方语言。

伊拉克

伊拉克，国名全称为伊拉克共和国。伊拉克位于亚洲西南部。面积约 43.83 万平方公里。人口约 4,225 万（2022 年），其中阿拉伯民族约占 78%（什叶派约占 60%，逊尼派约占 18%），库尔德族约占 15%，其余为土库曼族、亚美尼亚族等。官方语言为阿拉伯语和库尔德语。居民中 95% 以上信奉伊斯兰教，少数人信奉基督教等其他宗教。首都巴格达。

2004 年 6 月，伊拉克临时政府成立。2005 年 8 月底出台永久宪法草案，2005 年 10 月 15 日，伊拉克新宪法经全民公投通过。后无修正。

伊拉克共和国宪法

（2005 年 10 月 15 日通过）

第一章　基本原则

第 4 条

第 1 款　阿拉伯语和库尔德语均为伊拉克官方语言。伊拉克人依教育法规规定使其子女在公办教育机构接受母语教育，如土库曼语、亚述语和亚美尼亚语；或者在私立教育机构学习其他任何语言。

第 2 款　本条“官方语言”的范围及执行该条规定的方式由法律

规定——

第 1 项　官方报纸须同时以上述两种官方语言发行。

第 2 项　在官方领域，如议会、内阁、法院以及官方会议的谈话、讲演及表达须以其中一种语言进行。

第 3 项　官方文件及通信的确认与发布均须以上述两种语言进行。

第 4 项　依有关教育条款规定，开办教授这两种语言的学校。

第 5 项　其他须遵守平等原则的领域，如钞票、护照、邮票等，使用两种语言。

第 3 款　库尔德斯坦区内的联邦和官方机构使用两种语言。

第 4 款　在使用土库曼语和亚述语人数众多的地区，联邦和官方机构使用这两种语言作为补充的官方语言。

第 5 款　任何一区或者省得经公投、多数民众批准，可将当地语言作为补充的官方语言。

伊　朗

伊朗，国名全称为伊朗伊斯兰共和国。伊朗位于亚洲西南部。面积约 164.5 万平方公里。人口约 8,502 万，人口比较集中的省份有德黑兰、伊斯法罕、法尔斯、呼罗珊拉扎维和东阿塞拜疆。全国人口中波斯人占 66%，阿塞拜疆人占 25%，库尔德人占 5%，其余为阿拉伯人、土库曼人等少数民族。官方语言和通用语言为波斯语。伊斯兰教为国教，98.8% 的居民信奉伊斯兰教，其中 91% 为什叶派，7.8% 为逊尼派。首都德黑兰。

1979 年 12 月 2 日和 3 日经全民公投通过第一部宪法，后经 1989 年修正。本书译文依据的是 1989 年宪法文本。

伊朗伊斯兰共和国宪法

（1979 年 12 月 3 日通过）

第二章　国家的官方语言、文字、历法及国旗

第 15 条

伊朗的官方语言和文字是波斯语和波斯文字，是伊朗人民的通用语言。所有官方文件、信件、文章及教科书均应使用波斯语[①]和波斯

① 伊朗人也称其为法尔斯语（Farsi）。

文字[①]。但是，出版物、大众媒体以及在学校里教授文学课程，除波斯语外，也可以使用方言和部落语言。

第16条

由于《古兰经》和其他伊斯兰教的经学著作均以阿拉伯语书写，并且波斯文学已经被这种语言渗透，所以，在小学之后，各个阶层的中学阶段和各个研究领域，都应教授阿拉伯语。

第三章 人民的权利

第19条

伊朗全体人民，无论属于哪个民族、部落，均享有平等权利；不因肤色、种族、语言等，而获得特权。

① 波斯语使用的文字系统是在原有28个阿拉伯字母的基础上增加了4个字母。

以色列

以色列，国名全称为以色列国。位于亚洲西部，是亚、非、欧三大洲结合处。根据 1947 年联合国关于巴勒斯坦分治决议的规定，以色列国的面积为 1.52 万平方公里。1948 年至 1973 年间，以色列在四次中东战争中占领了大片阿拉伯国家领土，20 世纪 80 年代后陆续部分撤出。目前实际控制面积约 2.5 万平方公里。人口约 959 万（2022 年 9 月），其中犹太人约占 74.4%，阿拉伯人约占 21%，其余为德鲁兹人等。犹太人多信奉犹太教，其余民族信奉伊斯兰教、基督教等。希伯来语为国家语言，通用英语。

以色列没有正式的成文宪法，仅有《议会法》《国家土地法》《总统法》《政府法》《国家经济法》《国防军法》《耶路撒冷法》《司法制度法》《国家审计长法》《人的尊严与自由法》《职业自由法》《全民公投法》《犹太民族国家法》等基本法。本书节选翻译其中与语言关系最大的《犹太民族国家法》[1]。

基本法：以色列是犹太人的民族国家

（2018 年 7 月 19 日颁布）

第 4 条

第 1 款 希伯来语是国家语言。

① 该法全名为《基本法：以色列是犹太人的民族国家》。

第 2 款 阿拉伯语具有特殊地位。在国家机构中或者在与国家机构接触中使用阿拉伯语的情形，应由法律做出明确规定。

第 3 款 本条规定不应损害在本条之前实际给予阿拉伯语的地位。

印　度

印度，国名全称为印度共和国。印度是南亚次大陆最大国家。面积约 298 万平方公里（不包括中印边境印占区和克什米尔印度实际控制区等）。人口约 13.9 亿。印度有 100 多个民族，其中印度斯坦族约占总人口的 46.3%，其他较大的民族包括马拉提族、孟加拉族、比哈尔族、泰卢固族、泰米尔族等。官方语言为印地语和英语。世界各大宗教在印度都有信徒，其中印度教教徒和穆斯林分别占总人口的 80.5% 和 13.4%。首都新德里。

印度宪法于 1949 年 11 月 26 日由制宪会议通过，1950 年 1 月 26 日生效。后历经五十余次修正，最新一次修正时间是 2021 年。本书译文依据的是 2016 年宪法文本。

印度共和国宪法

（1949 年 11 月 26 日通过）

第三编　基本权

文化和教育权

第 29 条　保护少数民族[①]的权利

---

① 原文使用的是 minorities。印度既有民族划分也有种姓制度，下文中的所指如果包含两种类型，译文就使用“民族和种姓”。如果主要指因宗教和语言划分的人群，译文就使用“民族”。

第 1 款 任何居住在印度境内或者其部分地区的少数民族，对其地方独特的语言、文字或者文化均有权保存之。

第 2 款 国家运营的或者接受国家资助的教育机构，不得以宗教、民族和种姓、语言等理由拒绝录取任何公民入学。

第 30 条 少数民族建立和运营教育机构的权利

第 1 款 少数民族，无论是基于语言或者宗教所形成，均有权建立和运营他们所选择的教育机构。

第 2 款 在给予教育机构援助时，国家不得因该教育机构由少数民族管理而予以歧视，无论该少数民族是否基于宗教或者语言而形成。

第四编之一 基本义务

第 51A 条 基本义务

所有印度公民均有义务——

第 5 项 超越宗教、语言和地区或者区域差异而促进所有印度人民间的和谐和兄弟般的友爱精神；摒弃有损妇女尊严的习惯。

第五编 联邦

第二章 议会

一般程序

第 120 条 议会中使用的语言

第 1 款 无论第十七编作何规定，依第 348 条的规定，议会处理事务应使用印地语或者英语。

但是，对上院主席或者下院议长或者其他代行其职务者，若不能以印地语或者英语作充分表达的，允许其使用母语在议会上发言。

第 2 款 除议会以法律另作规定外，自本宪法施行之日起满 15 年，本条规定中的“或英语”应自行删除。

第六编 印度各邦

第三章 邦立法机关

一般程序

第 210 条 立法机关中使用的语言

第 1 款 无论第十七编之规定，按照第 348 条的规定，邦立法机关处理事务应使用官方语言、该邦语言、印地语或者英语。

但是邦立法会议长或者立法委员会议长及其他代行其职务者，在无法用前述语言作充分表达时，可允许其在议会发言时使用母语。

第 2 款 除邦立法机关以法律另作规定外，自本宪法施行之日起满 15 年，本条规定中的“或英语”应自行删去。

但是，就喜马偕尔邦、梅加拉亚邦、曼尼普尔邦、特里普拉邦的立法机关而言，本款中的“15 年”应更替为“25 年”。

同时，就阿鲁纳查尔邦①、古阿邦和米佐拉姆邦的立法机关而言，本款中的“15 年”应更替为“40 年”。

第十七编 官方语言

第一章 联邦的语言

第 343 条 联邦官方语言

第 1 款 联邦官方语言为以天城体字母书写的印地语。

联邦官方语言中使用的数字应为印度数字的国际形式②。

第 2 款 无论第 1 款作何规定，因英语是本宪法施行前的联邦官

---

① 也译为“阿鲁纳恰尔邦”，是印度非法占领中国藏南地区后在当地建立的一个邦。此地区位于中国西南部，与印度东北部交界。中国政府不承认印度拥有该地区的主权。

② 印度数字指阿拉伯数字，它最初由古印度人发明，后由阿拉伯人传入欧洲，被欧洲人误称为阿拉伯数字。

方语言，所以自本宪法施行之日起的15年内，其继续作为联邦官方语言使用。

在前述期限内，总统须以总统令授权在英语之外使用印地语作为联邦官方语言，以及在印度数字的国际形式之外使用梵文数字。

第3款 无论本条作何规定，议会得以法律规定，在上述15年期限届满之后，将——

第1项 英语。

第2项 梵文数字。

用于法律规定的用途。

第344条 官方语言委员会

第1款 总统应在本宪法实施满5年时和满10年时，分别以总统令设立委员会。其由主席一人以及总统任命的附件八规定的各种语言的代表组成，该总统令应同时规定该委员会应遵循的议事规则。

第2款 该专业委员会有义务就下列事项向总统提出建议：

第1项 在联邦官方场合推广印地语的使用。

第2项 在全部或者部分联邦官方场合限制英语的使用。

第3项 限制第348条规定的场合使用的语言。

第4项 此前规定的某个或者全部场合下使用数字的形式。

第5项 任何总统移送该专业委员会的联邦官方语言、联邦和邦或者各邦之间交流使用的语言及其使用的事项。

第二章 地区的语言

第345条 邦的官方语言

在第346条和第347条规定的范围内，邦立法机关须以法律形式采用一种或者多种语言，或采用印地语作为该邦官方场合使用的语言。

但是，在邦立法机关以法律另作规定以前，在那些在本宪法施行前使用英语作为官方语言的邦，英语应继续作为官方语言使用。

第 346 条　用于各邦之间及联邦和邦之间交流的官方语言

目前批准采用的联邦官方语言为各邦之间、邦与联邦之间的官方交往语言。

但是，如果两个或者两个以上的邦达成协议同意以印地语作为各邦之间交流使用的官方语言的，则各邦间的交流应使用该语言。

第 347 条　关于一邦部分人口使用的语言的特别规定

如果总统认为一邦内相当比例的人口希望该邦承认他们所使用的语言，总统应根据相应的申请作出指示，在该邦的全部或者部分地区，在其规定的场合下承认该语言的官方语言地位。

第三章　最高法院、高等法院等的语言

第 348 条　最高法院、高等法院、法律、法案等应使用的语言

第 1 款　无论本编此前作何规定，除议会以法律另有规定外——

第 1 项　最高法院和各高等法院的所有诉讼。

第 2 项　下列文件的权威文本：

第 1 目　所有在议会的任一院或者邦立法机关的任一院提出的法案或者动议的法律修正案；

第 2 目　所有议会或者邦立法机关通过的法律，所有总统或者邦总督颁布的法令，以及所有根据本宪法或者根据议会或者邦立法机关制定的法律颁布的法令、条例、法规和地方法规；

应使用英语。

第 2 款　无论第 1 款第 1 项作何规定，邦总督事先获得总统同意后，可授权其总部位于本邦的高等法院的诉讼中使用印地语或者其他

用作该邦官方语言的语言。

第3款 无论第1款第2项作何规定，在那些立法机关规定在立法机关中提出的法案和通过的法律，或者邦总督颁布的法令，或者任何其他该项中第3目的法令、条例、法规和地方法规使用英语以外的语言的邦，经邦总督的批准而发布在官方公报上的上述文件的英译本应视为上述文件的本条所称的英语权威文本。

第349条 制定某些语言的法律时的特别程序

自本宪法施行之日起的15年内，未事先经总统批准，不得在议会的任一院提出规定第348条第1款所述场合使用的语言的法案或者动议对其进行修正；总统不得批准上述提案或者动议，但其已经对依第344条第1款组成的专门委员会的建议以及该条第4款组成的委员会的报告进行考量者除外。

第四章 特别指令

第350条 为寻求救济而申诉须使用的语言

任何人有权以联邦或者该邦所使用的语言向联邦或者该邦官员或者机关提出申诉以寻求救济。

第350A条 小学阶段母语教育的设施

各邦和各邦的地方政府应致力于为语言上的弱势群体儿童小学阶段的母语教育提供适当的设施；对其认为的对实施关于前述设施的规定有必要或者适当的事，总统得就此发布指令。

第350B条 语言少数群体事务专员

第1款 设语言少数群体事务专员一人，由总统任命。

第2款 该专员有义务就有关根据本宪法为少数语种提供保障的事项进行调查，并就此类事项在总统规定的期限内向总统提交报告，总统应将该报告提交议会各院，并送达有关各邦政府。

第351条　发展印地语的指令

联邦有责任推广并发展印地语，以使其成为全部印度综合文化因素的表达媒介，并在不影响其特定性的前提下，吸收印度斯坦语[①]和附表八规定的其他印度语言的形式、风格及词语，并在必要或者适当的情形下，首先从梵文，其次从其他语言中汲取词汇，不断地丰富印地语。

第二十二编　简称、实施、印地语权威文本及其废除

第394A条　印地语权威文本

第1款　总统应促成根据其授权颁布：

第1项　本宪法的印地语译文，应由制宪会议签署，并且应作必要的调整以使其与以印地语公布的《中央法案》所采用的措辞、风格和术语相一致，并应包含公布前本宪法的全部修正案。

第2项　以英语颁布的宪法修正案的印地语译文。

第2款　根据第1款而公布的本宪法及其所有修正案的译文，应视为具有与原始宪法及其所有修正案相同的含义，如果在解释该译文的任何部分时出现疑问，总统应促成对该译文进行适当的修订。

第3款　根据本条而公布的本宪法及其所有修正案的译文，在所有场合下，均应视为印地语的权威文本。

附表六　【第244条和第275条第1款】

六、地区委员会建立小学等的权力：

（一）自治地区的地区委员会得在该地区设立、建设或者运营小学、诊所、市场、畜栏、渡口、渔业、道路、交通运输和水路；在事

① 又称“印度-乌尔都语”，是部分语言学家对印度语和乌尔都语的概括称呼，因两者语法基本相同、有共同的基本词汇。

先征得总统批准的情形下，得就其规制和管理制定条例，特别是，得规定初等教育应传授的语言及初等教育的传授方式。

附表八 【语言】第 344 条第 1 款和第 351 条

1. 阿萨姆语（Assamese）
2. 孟加拉语（Bengali）
3. 博多语（Bodo）
4. 多格拉语（Dogri）
5. 古吉拉特语（Gujarati）
6. 印地语（Hindi）
7. 坎纳达语（Kannada）
8. 克什米尔语（Kashmiri）
9. 孔卡尼语（Konkani）
10. 米德勒语（Maithili）
11. 马拉亚拉姆语（Malayalam）
12. 曼尼普尔语（Manipuri）
13. 马拉提语（Marathi）
14. 尼泊尔语（Nepali）
15. 奥迪亚语（Odia）
16. 旁遮普语（Punjabi）
17. 梵语（Sanskrit）
18. 桑塔利语（Santhali）
19. 信德希语（Sindhi）
20. 泰米尔语（Tamil）
21. 泰卢固语（Telugu）
22. 乌尔都语（Urdu）

印度尼西亚

印度尼西亚，国名全称为印度尼西亚共和国。印度尼西亚是地处赤道附近的海岛国家。面积约 1,913,578.68 平方公里。人口约 2.71 亿（2020 年 12 月）。有数百个民族，其中爪哇族人口占 45%，还有巽他族、马都拉族、马来族等。官方语言为印尼语。约 87% 的人口信奉伊斯兰教，是世界上穆斯林人口最多的国家。首都雅加达。

现行宪法于 1945 年 8 月 18 日颁布实施。1949—1959 年效力中止，1959 年 7 月 5 日恢复实施。后历经 1999、2000、2001 和 2002 年修正。本书译文依据的是 2002 年宪法文本。

印度尼西亚共和国宪法

（1945 年 8 月 18 日通过）

第十三章　教育

第 32 条

第 2 款　地方语言是国家文化宝藏，国家予以尊重和保护。

第十五章　国旗、语言、国徽和国歌

第 36 条

官方语言为印尼语。

第 36C 条

关于国旗、语言、国徽和国歌的具体条款由法律规定。

约 旦

约旦，国名全称为约旦哈希姆王国。约旦位于亚洲西部。面积约8.9万平方公里。人口约1,105万（含巴勒斯坦、叙利亚、伊拉克难民），98%的人口为阿拉伯人，还有少量切尔克斯人、土库曼人和亚美尼亚人。官方语言为阿拉伯语，通用英语。国教为伊斯兰教，92%的居民属于逊尼派，2%的居民属于什叶派和德鲁兹派。信奉基督教的居民约占6%，主要属希腊东正教派。首都安曼。

约旦宪法于1952年1月颁布生效。后历经十余次修正，最新一次修正时间是2016年。本书译文依据的是2016年宪法文本。

约旦哈希姆王国宪法

（1952年1月1日颁布）

第一章　国家与政体

第2条

伊斯兰教是国教，阿拉伯语是官方语言。

第二章　约旦人民的权利和义务

第6条

第1款　约旦人民在法律面前一律平等，在权利和义务上不因民族和种族、语言或宗教而受到差别对待。

越　南

越南，国名全称为越南社会主义共和国。越南位于中南半岛东部。面积约 329,556 平方公里。人口约 9,826 万（2021 年）。有 54 个民族，京族占总人口的 86%，岱依族、傣族、芒族、华人、侬族人口均超过 50 万。主要语言为越南语（国家语言、通用语言、主要民族语言）。主要宗教：佛教、天主教、和好教与高台教。首都河内。

越南宪法于 1992 年 4 月 15 日第八届国会第十一次会议通过。后经 2013 年修正。本书译文依据的是 2013 年宪法文本。

越南社会主义共和国宪法

（1992 年 4 月 15 日通过）

第一章　越南社会主义共和国的政治制度

第 5 条

第 3 款　国家语言是越南语。各民族有权使用自己的语言、文字，有权保持本民族的民族特色，以及弘扬本民族的优良习惯、习俗、传统和文化。

第二章　人权与公民的基本权利与义务

第 42 条

公民有权利决定自己的国籍、使用母语的权利和选择交流语言的权利。

非洲

阿尔及利亚

阿尔及利亚，国名全称为阿尔及利亚民主人民共和国。阿尔及利亚位于非洲西北部。面积约238万平方公里。人口约4,535万（2021年），大多数是阿拉伯人，其次是塔马齐格特人（约占总人口的20%）。少数民族有姆扎布族和图阿雷格族。国家语言和官方语言为阿拉伯语和塔马齐格特语，通用法语。伊斯兰教为国教。首都阿尔及尔。

2020年11月全民公投通过新宪法。后无修正。

阿尔及利亚民主人民共和国宪法

（2020年11月通过）

第一章　阿尔及利亚社会的普遍原则

第一节　阿尔及利亚

第3条

第1款　阿拉伯语为国家语言和官方语言。

第2款　阿拉伯语应一直为国家的官方语言。

第3款　在共和国总统主持下成立阿拉伯语高级理事会。

第4款　阿拉伯语高级理事会被赋予以下特别任务：丰富阿拉伯语，在科学和技术领域中推广其使用，并为此目的促进其翻译。

第 4 条

第 1 款 塔马齐格特语[①]同为国家语言和官方语言。

第 2 款 国家确保塔马齐格特语得到促进，并在国家领土内发展语言的多样性。

第 3 款 应在共和国总统的授权下建立阿尔及利亚塔马齐格特语学院。

第 4 款 专家支持并承担开发塔马齐格特语的任务，以便将来将其整合为官方语言。

第 5 款 本条的实施方式由组织法规定。

第六章　宪法修正案

第 234 条

宪法修正案不得违背以下规定：

第 4 项　阿拉伯语为国家语言和官方语言。

第 5 项　塔马齐格特语同为国家语言和官方语言。

① 西方文献中多称为柏柏尔语（Berber），称以这种语言为母语的族群为柏柏尔人（Berber），但北非当地人认为这种称呼有贬低色彩，坚持自称为塔马齐格特人，使用塔马齐格特语（Tamazight）。

埃　及

埃及，国名全称为阿拉伯埃及共和国。埃及地跨亚、非两大洲，大部分位于非洲东北部。面积约100.1万平方公里。人口约1亿。官方语言为阿拉伯语。伊斯兰教为国教，信徒主要是逊尼派，占总人口的84%。科普特基督徒和其他信徒约占16%。另有约600万海外侨民。首都开罗。

2014年1月，埃及全民公投通过新宪法。后经2019年修正。本书译文依据的是2019年宪法文本。

阿拉伯埃及共和国宪法

（2014年1月18日通过）

第一章　国家

第2条　伊斯兰教，伊斯兰教法

伊斯兰教是国教，阿拉伯语是官方语言，立法的主要来源是伊斯兰教教法原则。

第二章　社会的基本组成

第一节　社会组成

第7条　爱资哈尔大学[①]

第1款　爱资哈尔是完全独立的伊斯兰科学机构，就其自身事务具有排他性自治权。该机构是宗教科学和伊斯兰事务的主要权威，负责宣扬伊斯兰教，并在埃及和世界范围内传播宗教科学和阿拉伯语。

第21条　学术独立

第1款　国家保证大学、科学院和语言学院的独立性。致力于根据全球质量标准提供大学教育，并依法在国立大学和研究所中发展免费的大学教育。

第24条　阿拉伯语、宗教教育和民族历史

阿拉伯语、宗教教育和各个阶段的国家历史是公立和私立大学预科的核心主题。大学致力于教授人权以及与各个学科相关的职业道德和伦理道德。

第三章　公共权利、自由与义务

第53条　公共权利和义务的平等

第1款　公民在法律面前一律平等，享有平等的权利和公共职责，不得因宗教、信仰、性别、出身、民族和种族、肤色、语言、残障、社会阶层、政治或地理背景，或任何其他原因而受到歧视。

---

① 世界上最古老的高等学校之一，是埃及伊斯兰教古老高等学府。

埃塞俄比亚

埃塞俄比亚，国名全称为埃塞俄比亚联邦民主共和国。埃塞俄比亚是非洲东北部内陆国家。面积约 110.36 万平方公里。人口约 1.12 亿。全国约有 80 多个民族，主要有奥罗莫族（40%）、阿姆哈拉族（30%）、提格雷族（8%）、索马里族（6%）、锡达莫族（4%）等。阿姆哈拉语为联邦工作语言，通用英语，主要民族语言有奥罗莫语、提格雷语等。居民中 45% 信奉埃塞正教，40%—45% 信奉伊斯兰教，5% 信奉新教，其余信奉原始宗教。首都亚的斯亚贝巴。

《埃塞俄比亚联邦民主共和国宪法》于 1994 年 12 月 8 日经制宪会议通过，1995 年 8 月 22 日生效。后无修正。

埃塞俄比亚联邦民主共和国宪法

（1994 年 12 月 8 日通过）

第一章　通则

第 5 条　语言

第 1 款　所有埃塞俄比亚的语言均平等地受到国家的认可。

第 2 款　阿姆哈拉语为联邦政府的工作语言。

第 3 款　联邦成员可通过法律决定其各自的工作语言。

第三章　基本权利与自由

第一节　人权

第 19 条　被捕者的权利

第 1 款　被捕者在被逮捕后，有权立即以其通晓的语言被告知逮捕的原因以及被指控的内容。

第 2 款　被捕者有权保持缄默。在被逮捕之时，其有权立即以其通晓的语言被告知此时所做的任何陈述将在法庭上作为对其不利的呈堂证供。

第 20 条　被告人的权利

第 7 款　如法庭审理中使用的语言非被告通晓的语言，则他们有权要求获得翻译的帮助，并由国家承担此笔费用。

第 25 条　平等权

所有人在法律面前一律平等，不受任何歧视地受到法律的平等保护。就此而言，法律应保证所有人受到平等和有效的保护，不因其种族、民族、国籍或其他社会出身、肤色、性别、语言、宗教信仰、政治或其他观点、财产、出生或其他状况而受到歧视。

第二节　民主权利

第 38 条　选举权和被选举权

第 1 款　每位埃塞俄比亚公民享有的以下权利，不因肤色、种族、民族、国籍、性别、语言、宗教、政治或其他观点、其他状况而受到歧视：

第 1 项　直接或者通过自由选举的代表参与政治活动。

第 2 项　年满 18 周岁可根据法律行使投票权。

第 3 项　在定期举行的选举中选举或被选举担任任何级别的国家

公职；选举应是普遍的、平等的，并实行无记名投票，以保证选举人意愿的自由表达。

第39条　各民族的权利

第2款　埃塞俄比亚的各民族均有权说、写及发展各自的民族语言，有权展示、发展及促进各自的文化，有权保有各自的历史。

第5款　本宪法中“民族或人民”是指拥有共同文化、共同语言、共同身份认同、共同心理素质、共同居住地域的群体。

第四章　政府结构

第46条　联邦各州

第2款　各州之间的界限划分以聚落类型、语言、认同感及相关民族的同意为基础。

安哥拉

安哥拉，国名全称为安哥拉共和国。安哥拉位于非洲西南部。面积约 1,246,700 平方公里。人口约 3,330 万（2020 年）。主要有奥温本杜（约占总人口的 37%）、姆本杜（25%）、巴刚果（13%）、隆达等民族。官方语言为葡萄牙语，有 42 种民族语言，主要民族语言有温本杜语（中部和南部地区）、金本杜语（罗安达和内陆地区）和基孔戈语（北部地区）等。49% 的人信奉罗马天主教，13% 的人信奉基督教新教，其余人口大多信奉原始宗教。首都罗安达。

现行宪法于 2010 年 1 月经安哥拉共和国国民大会制宪会议通过，2 月颁布。后无修正。

安哥拉共和国宪法

（2010 年 1 月 21 日通过）

第一章　基本原则

第 19 条　语言

第 1 款　安哥拉共和国的官方语言是葡萄牙语。

第 2 款　除国际主要交流语言之外，国家重视、促进和提倡其他安哥拉语言的研究、教学和使用。

第 21 条　国家基本任务

安哥拉共和国的基本任务是：

第 14 项　保护、重视和尊重起源于非洲的安哥拉原住民语言，将其作为文化遗产的一部分，促进其发展，使其成为反映民族特性的活语言。

第二章　基本权利和义务

第一节　一般原则

第 23 条　平等原则

第 2 款　任何人不能因其出身、性别、民族和种族、肤色、残障、语言、出生地、宗教、政治、思想或哲学信仰、受教育程度或经济、社会或职业地位而受到歧视，或享有特权，或免除义务。

第二节　基本权利、自由和保障

第二部分　基本权利和自由保障

第 63 条　被拘留者和被监禁者的权利

被剥夺人身自由的公民应被告知监禁或拘留的具体理由以及所享有的权利，即：

第 9 项　使用其通晓的语言或通过翻译与其进行交流。

第三节　经济、社会和文化权利和义务

第 87 条　历史、文化和艺术遗产

第 1 款　公民和社区在文化、语言和艺术上的特性有权被尊重、欣赏和保存。

贝　宁

贝宁，国名全称为贝宁共和国。贝宁位于西非中南部。面积约112,622平方公里。人口约1,180万（2019年）。共60多个部族，主要有丰族、阿贾族、约鲁巴族、巴利巴族、奥塔玛里族、颇尔族等。官方语言为法语。全国使用较广的语言有丰语、约鲁巴语和巴利巴语。居民中约65%信奉传统宗教，20%信奉基督教，15%信奉伊斯兰教。首都波多诺伏。

现行宪法于1990年12月2日经公民投票通过。后经2019年修正。本书译文依据的是1990年宪法文本。

贝宁共和国宪法

（1990年12月2日通过）

第一章　国家和主权

第1条

第6款　官方语言为法语。

第二章　人民的权利和义务

第11条

第1款　构成贝宁民族的一切团体享有使用其书面与口头语言的自由，并在相互尊重的基础上发展自己的文化。

第 2 款 国家必须促进各团体间互通的民族语言的发展。

第 40 条

第 3 款 国家同样必须通过一切大众通信手段，尤其是广播电视，确保这些权利以全国性语言得到宣传和教育。

博茨瓦纳

博茨瓦纳，国名全称为博茨瓦纳共和国。博茨瓦纳是位于南部非洲的内陆国家。面积约 581,730 平方公里。人口约 234.6 万（2022 年）。绝大部分为班图语系的茨瓦纳人（占人口的 90%）。主要民族有恩瓦托、昆纳、恩瓦凯策和塔瓦纳等，其中恩瓦托族最大，约占人口的 40%。另有数万欧洲人和亚洲人。官方语言为英语，通用语言为茨瓦纳语。多数居民信奉基督教，农村地区部分居民信奉传统宗教。首都哈博罗内。

博茨瓦纳宪法于 1966 年 2 月制定，同年 9 月 30 日生效。后历经十余次修正，最新一次修正时间是 2021 年。本书译文依据的是 2016 年宪法文本。

博茨瓦纳共和国宪法

（1966 年 2 月制定）

第二章　个人的基本权利和自由的保障

第 5 条　人身自由权的保障

第 2 款　被逮捕或被拘留的任何人，应在合理且切实可行的范围内用他（她）通晓的语言，尽快告知对其进行逮捕或拘留的原因。

第 10 条　获得法律保护的规定

第 2 款 个人受到刑事起诉后：

第 2 项 应当在合理可行的范围内尽快以他（她）通晓的语言详细告知其受指控犯罪的性质。

第 6 项 如果他（她）不理解审判使用的语言，则应获得免费的翻译协助。

第 16 条 基本权利和自由的限制

第 2 款 凡任何人由本条第 1 款的授权被拘留，则应适用下列规定：

第 1 项 在合理的切实可行的情况下尽快且在任何情况下从他（她）开始被拘留不超过 5 日的时间内，他（她）将得到由他（她）所能理解的语言书写的一份声明，其中详细列明他（她）被拘留的理由。

第五章 国会

第一节 组成

第 61 条 选举为国民议会议员的资格

根据本宪法第 62 条的规定，个人除非符合下列条件，否则不得当选为国会议员：

第 4 项 除非有失明或其他身体原因，候选人应具备较好的英语表达和阅读能力以积极参与议会事务。

布基纳法索

布基纳法索是位于非洲西部的内陆国家。面积约 274,122 平方公里。人口约 2,090 万（2020 年）。共有 60 多个部族，分为沃尔特和芒戴两个族系。沃尔特族系约占全国人口的 70%，主要有莫西族、古隆西族、古尔芒则族、博博族和洛比族。芒戴族系约占全国人口的 28%，主要有萨莫族、马尔卡族、布桑塞族、塞努福族和迪乌拉族。在北部地区还有一些从事游牧业的颇尔人和经商的豪萨人。官方语言为法语。主要民族语言有莫西语、迪乌拉语和颇尔语。50% 的居民信奉原始宗教，30% 信奉伊斯兰教，20% 信奉天主教。首都瓦加杜古。

1991 年 6 月 2 日，全民投票通过新宪法，并于 1991 年 6 月 11 日颁布。后历经 1997、2000、2002、2009、2012、2013、2014 和 2015 年修正。本书译文依据的是 2015 年宪法文本。

布基纳法索宪法

（1991 年 6 月 2 日通过）

第一章　基本权利和义务

第一节　人民权利与义务

第 1 条

第 3 款　禁止所有歧视，特别是基于种族、民族、地区、肤色、性别、语言、宗教、阶层、政治观点、财富和出生的歧视。

第二章 国家与国家主权

第35条

第1款 官方语言为法语。

第2款 民族语言推广与规范化使用的方式由法律予以规定。

布隆迪

布隆迪，国名全称为布隆迪共和国。布隆迪位于非洲中东部赤道南侧。面积约 27,834 平方公里。人口约 1,190 万（2020 年）。由胡图（84%）、图西（15%）和特瓦（1%）三个民族组成。国家语言为基隆迪语，官方语言为基隆迪语和法律确定的其他语言，部分居民讲斯瓦希里语。居民中 61% 信奉天主教，24% 信奉基督教新教，3.2% 信奉原始宗教，其余信奉其他宗教或不信教。政治首都基特加。

2018 年 5 月，布隆迪经修宪公投通过新宪法。后无修正。

布隆迪共和国宪法

（2018 年 5 月 17 日通过）[①]

第一章　国家和人民主权

第一节　一般原则

第 5 条

第 1 款　国家语言是基隆迪语。官方语言是基隆迪语和法律确定的其他语言。

第 2 款　所有法律应有基隆迪语原始版本。

---

① 信息来源：布隆迪总统网（www.presidence.gov.bi），检索时间：2022-07-22。

第二节 基本价值

第13条

所有布隆迪人在功劳和尊严方面均是平等的。所有公民享有同等的权利，获得法律的同等保护。任何布隆迪人不得因民族、语言、宗教信仰、性别或者民族出身而被排除于国家的社会、经济和政治生活。

第二章 人和公民的基本权利和义务宪章

第一节 人和公民的基本权利

第22条

第2款 任何人均不得因其出身、种族、民族、性别、肤色、语言、社会地位、宗教信仰、哲学信仰、政治信仰、身体或者精神的残障、携带人类免疫缺陷病毒和艾滋病毒、患有其他不可治愈的疾病而受到歧视。

赤道几内亚

赤道几内亚，国名全称为赤道几内亚共和国。赤道几内亚位于非洲中西部。面积约28,051平方公里（其中大陆部分26,017平方公里，岛屿2,034平方公里）。人口约140万（2021年）。主要民族有分布在大陆的芳族（约占人口的75%）和居住在比奥科岛的布比族（约占人口的15%）。官方语言为西班牙语、法语等。民族语言主要为芳语和布比语。居民82%信奉天主教，15%信奉伊斯兰教。首都马拉博。

1991年11月通过新宪法。后历经1995、1998和2012年修正。本书译文依据的是2012年宪法文本。

赤道几内亚共和国基本法

（1991年11月通过）

第一编　国家的基本原则

第4条

第1款　赤道几内亚共和国的官方语言为西班牙语、法语和法律规定的其他语言。原住民语言是民族文化的组成部分。

多　哥

多哥，国名全称为多哥共和国。多哥位于非洲西部。面积约56,785平方公里。人口约830万（2020年）。全国有41个部族：南部以埃维族和米纳族为主，分别占全国人口的22%和6%；中部阿克波索、阿凯布等族占33%；北部卡布列族占13%。官方语言为法语。民族语言以埃维语和卡布列语较通用。居民中约70%信奉拜物教，20%信奉基督教，10%信奉伊斯兰教。首都洛美。

新宪法于1992年9月27日经全民公决通过，并于同年10月14日颁布。后历经2002、2005、2007和2019年修正。本书译文依据的是2007年宪法文本。

多哥共和国宪法

（1992年9月27日通过）

第一章　国家与主权

第3条

第7款　官方语言为法语。

厄立特里亚

厄立特里亚，国名全称为厄立特里亚国，位于东非及非洲之角最北部。面积约12.4万平方公里（包括达赫拉克群岛近1000平方公里）。人口约670万。有9个民族：提格雷尼亚（约占人口的50%）、提格雷（31.4%）、阿法尔（5%）、萨霍（5%）、希达赖伯（2.5%）、比伦（2.1%）、库纳马（2%）、纳拉（1.5%）和拉沙伊达（0.5%）。各族均有独自语言，全国主要用提格雷尼亚语、阿拉伯语，通用英语、意大利语。国民信仰东正教和伊斯兰教的约各占一半，少数人信奉天主教或传统拜物教。首都阿斯马拉。

1997年5月23日，制宪议会通过宪法并正式颁布实施，其中宪法规定：民族语言一律平等，不确定国家官方语言。后无修正。

厄立特里亚国宪法

（1997年5月23日通过）

第一章　总纲

第4条　国家象征和语言

第3款　保证所有厄立特里亚语言的平等。

第三章　基本权利、自由和义务

第14条　法律平等

第 2 款 任何人不因种族、民族、语言、肤色、性别、宗教、残障、年龄、政治信仰、社会或经济状况或者其他任何因素而受到歧视。

第 17 条 逮捕、拘留和公平审判

第 3 款 任何被逮捕或拘留的个人应当被告知被逮捕或拘留的理由，以及用他通晓的语言被告知在被逮捕或拘留时享有的权利。

佛得角

佛得角，国名全称为佛得角共和国。佛得角位于北大西洋的佛得角群岛上。面积约 4,033 平方公里。人口约 54.6 万人（2020 年）。绝大部分为克里奥尔人，占人口总数的 71%；黑色人种占 28%，欧洲人种占 1%。官方语言为葡萄牙语，国家语言为克里奥尔语。98% 的居民信奉天主教，少数人信奉基督教新教等其他宗教。首都普拉亚。

宪法于 1980 年 9 月 5 日经第一届全国人民议会通过。后历经 1981、1988、1990、1992、1995、1999 和 2010 年修正。本书译文依据的是 2010 年宪法文本[①]。

佛得角共和国宪法

（1980 年 9 月 5 日通过）

第一部分　基本原则

第一编　共和国

第 7 条　国家的任务

国家应履行下列根本任务：

① 信息来源：全球性别平等宪法数据库（constitutions.unwomen.org），检索时间：2022-07-22。

第9款 保护、支持和促进佛得角的母语和文化。

第9条 官方语言

第1款 官方语言为葡萄牙语。

第2款 国家应提供葡萄牙语作为佛得角官方语言的条件。

第3款 所有佛得角公民都有义务学习官方语言并有权使用之。

第二编 国际关系和国际法

第11条 国际关系

第6款 佛得角共和国应维护与以葡萄牙语为官方语言的国家、接收佛得角移民国家的友谊和合作。

第二部分 公民的权利与义务

第一编 一般原则

第24条 平等原则

每个公民都应享有平等的社会身份和法律面前人人平等的权利。任何人不得因民族、性别、地位、语言、出身、信仰、社会和经济条件、政治信念或意识形态，而享有特权、获利或受损，被剥夺任何权利或免除任何义务。

第三编 经济、社会和文化的权利与义务

第79条 文化权

第3款 为保障文化权，国家应特别负责：

第6项 促进佛得角母语的保护、提升和发展并鼓励其在书写交流中的使用。

冈比亚

冈比亚，国名全称为冈比亚共和国。冈比亚位于非洲西部。面积约 11,295 平方公里。人口约 240 万（2020 年）。主要民族有曼丁哥族（占人口的 42%）、富拉族（又称颇尔族，占 16%）、沃洛夫族（占 16%）、朱拉族（占 10%）和塞拉胡里族（占 9%）。官方语言为英语，民族语言有曼丁哥语、沃洛夫语、富拉语（又称颇尔语）和塞拉胡里语等。居民 90% 信奉伊斯兰教，其余信奉基督教新教、天主教和原始宗教。首都班珠尔。

1996 年 8 月 5 日公布新宪法草案，8 月 8 日举行全民公决通过了新宪法。后历经 2001、2003、2004、2006、2007、2009、2015、2017 和 2018 年修正。本书译文依据的是 2018 年宪法文本。

冈比亚共和国宪法

（1996 年 8 月 8 日通过）

序言

以全能的上帝的名义：

（四）宪法规定的基本权利与自由将确保所有人的基本人权和基本自由在任何时候都得到尊重和保护，而不分种族、性别、语言和宗教。我们在肯定基本权利的同时，也确认了作为公民的义务和责任。

第四章　基本权利和自由的保护

第17条　基本权利和自由

第2款　每一个冈比亚公民，无论民族、肤色、性别、语言、宗教信仰、政治倾向、社会出身、财产状况、出生或其他状况，都被授予本章规定的基本人权和自由。但是，他们同时必须尊重他人的权利和自由，不得损害公共利益。

第19条　保护个人自由权

第2款　任何人在被逮捕或拘留后，只要有合理可行的时机并且最晚在3个小时之内，应当用其通晓的语言告知其被逮捕或拘留的原因，并且告知其有权向律师咨询。

第24条　确保法律保护和公平审判的规定

第3款　任何被指控刑事犯罪的人：

第2项　在被指控时，应当用其通晓的语言详细告知其被指控犯罪的性质。

第6项　如果他（她）不理解庭审所用的语言，将被允许免费获得翻译的帮助。另外庭审一般应在嫌疑人在场的情况下进行，除非嫌疑人本人同意缺席审判，或者其所作所为使得审判的继续进行变得不可能，法庭可以命令其离场，在其缺席的情况下继续审判。

第32条　文化

任何人有权欣赏、实践、信奉、主张或促进某种文化、语言、传统或宗教，但是必须符合宪法的条款，并且不得损害他人的权利和自由或者损害国家利益，尤其是国家的团结统一。

第33条　保护免受歧视

第4款　本条所谓“歧视”是指因种族、肤色、性别、语言、宗教信仰、政治倾向、社会出身、财产状况、出生或其他状况等的不同，而给予权利上的限制或优待。

第 36 条　紧急状态下被拘留的人

第 1 款　如果有人因第 35 条所规定的法律而被拘留，则：

第 1 项　应在合理的时间内并且最迟不迟于拘留后 24 小时，向被拘留人说明其被拘留的原因，该说明应当向其宣读，必要时应用其理解的语言进行翻译。

第七章　议会和立法

第一节　议会和议员的设立

第 89 条　议会议员的资格

第 1 款　符合下列条件的人有资格担任议员：

第 4 项　能够讲熟练的英语以便参加议会的各项议程。

第四节　议会的议事程序

第 105 条　议会语言

议会工作语言是英语或者法律规定的其他语言。

第二十章　国家政策的指导原则

第 218 条　文化目标

国家和全体公民都应当努力保护、保留和发展冈比亚的语言、历史古迹以及文化的、自然的、艺术的遗产。

刚果（布）

刚果（布），国名全称为刚果共和国。刚果（布）位于非洲中西部。面积约 342,000 平方公里。人口约 552 万（2020 年）。全国有 56 个民族，属班图语系。最大的民族是南方的刚果族，包括拉利族、巴刚果族、维利族，约占总人口的 45%；北方的姆博希族占 16%；中部太凯族占 20%；北方原始森林里还生活着少数俾格米人。官方语言为法语。民族语言中北方为林加拉语，南方主要有基图巴语[①]、莫努库图巴语。全国居民中一半以上信奉原始宗教，26% 信奉天主教，10% 信奉基督教，3% 信奉伊斯兰教。首都布拉柴维尔。

2015 年 10 月全民公投通过了新宪法。后无修正。

刚果共和国宪法

（2015 年 10 月通过）

第一章　国家和主权

第 4 条

第 4 款　官方语言为法语。

第 5 款　民族语言为林加拉语和基图巴语。

---

① 也有译为刚果语。

第二章 基本权利和自由

第一节 权利与自由

第 11 条

第 1 款 所有被逮捕者都有权以其通晓的语言得知被逮捕的理由。

刚果（金）

刚果（金），国名全称为刚果民主共和国。刚果（金）地处非洲中部。面积约 2,344,885 平方公里。人口约 8,960 万（2017 年）。全国有 254 个民族，分属班图、苏丹和尼洛特三大语系。班图语系各部族占全国人口的 84%，主要分布在南部、中部和东部，其中刚果族为全国第一大族；苏丹语系各部族多居住在北部，人口最多的是阿赞德和孟格贝托两族；尼洛特语系各部族是最早生活在刚境内的土著居民，大多已被其他部族同化，仅余俾格米和阿卢尔等少数部族现生活在赤道密林里。法语为官方语言，国家语言为基孔果语、林加拉语、斯瓦希里语和契卢巴语。居民 50% 信奉罗马天主教，20% 信奉基督教新教，10% 信奉伊斯兰教，其余信奉各种本土原始宗教。首都金沙萨。

2005 年 12 月 18 日经全民公决通过新宪法。后经 2011 年修正。本书译文依据的是 2011 年宪法文本。

刚果民主共和国宪法

（2005 年 12 月 18 日通过）

第一编　一般规定

第一章　国家和主权

第一节　国家

第 1 条

第 7 款　官方语言为法语。

第 8 款 国家语言是基孔果语、林加拉语、斯瓦希里语和契卢巴语。国家保证平等地促进它们的发展。

第 9 款 国家的其他语言是刚果的文化遗产，国家保证保护上述遗产。

第二编 人权、基本自由、公民和国家的义务

第一章 公民权利和政治权利

第 13 条

在接受教育和获得公共职务以及其他任何方面，任何刚果人不得因宗教、家庭出身、社会条件、居住地、观点或者政治信仰、民族、族群、部落、文化或者语言而受到法律或者行政行为的歧视。

第 18 条

第 1 款 任何被逮捕者有权通过其通晓的语言被告知逮捕的理由以及对他的任何指控。

第 33 条

第 2 款 刚果民主共和国在国家安全所保留的范围内根据现行法律和条例给予因观点、信仰、民族、部落、族群、语言或者捍卫民主和人权的行为而受到追诉或者迫害的外国侨民以庇护权。

第三编 权力的组织和行使

第一章 共和国各机关

第三节 行政权和立法权的关系

第 142 条

第 2 款 在所有情况下，政府应确保法律自颁布后 60 日的期限内以法语和 4 种国家语言发行。

吉布提

吉布提，国名全称为吉布提共和国。吉布提地处非洲东北部亚丁湾西岸。面积约2.32万平方公里。人口约100万。主要有伊萨族和阿法尔族。伊萨族约占全国人口的50%，讲索马里语；阿法尔族约占40%，讲阿法尔语。另有少数阿拉伯人和欧洲人。官方语言为阿拉伯语和法语，主要民族语言为阿法尔语和索马里语。伊斯兰教为国教，94%的居民为穆斯林（逊尼派），其余为基督教徒。首都吉布提市。

现行宪法于1992年9月4日经全民公决通过并颁布实施。后经2006、2008和2010年修正。本书译文依据的是2010年宪法文本。

吉布提共和国宪法

（1992年9月4日通过）

第一章　国家和主权

第1条

第3款　国家保障公民在法律面前一律平等，不因语言、出身、种族、性别和宗教而有所区别。国家尊重所有的信仰。

第6款　共和国官方语言是阿拉伯语和法语。

第3条

第1款　吉布提共和国由其认可的公民的整体组成，所有公民不分语言、种族、性别、宗教，一律履行其义务。

第6条

第3款 政党不得以民族、族群、性别、宗教、教派、语言、地区相区别。

第十三章 最终条款和过渡条款

第93条

本宪法应当交付公民投票，并以法语和阿拉伯语登记并公布于吉布提共和国官方公报，法语版本为正式版本。

几内亚

几内亚，国名全称为几内亚共和国。几内亚位于西非西岸，面积约245,857平方公里。人口约1,310万（2020年）。全国有20多个民族，其中富拉族（又称颇尔族）约占全国人口的40%以上，马林凯族约占30%以上，苏苏族约占20%。官方语言为法语。各民族均有自己的语言，主要语言有苏苏语、马林凯语和富拉语（又称颇尔语）。全国约85%的居民信奉伊斯兰教，5%信奉基督教，其余信奉原始宗教。首都科纳克里。

2020年3月，几内亚举行新宪法公投，新宪法通过并于4月6日公布实施①。后无修正。

几内亚共和国宪法

（2020年3月22日通过）

第一章　国家和主权

第1条

第3款　官方语言为法语。国家确保促进几内亚人民的文化和语言。

① 信息来源：几内亚国民议会官方网站（www.assemblee.gov.gn），检索日期：2022-07-22。

第3条

第4款 政党不得以任何种族、宗教、民族、性别、语言和地区相区别。

第二章 权利、自由和义务

第9条

第2款 任何人不得因出生、种族、民族、性别、语言、社会地位、宗教、哲学或政治信仰等原因而受到歧视。

第12条

第2款 任何被逮捕或拘留的人都有权获得维护其尊严的人道待遇。必须立即以他通晓的语言告知他被捕或拘留的原因以及权利。

第32条

第3款 国家同样应该保证用民族语言通过一切大众传媒方式，特别是广播和电视，普及和教育这些权利。

加　纳

加纳，国名全称为加纳共和国。加纳位于非洲西部、几内亚湾北岸。面积约238,537平方公里。人口约3,028万（2019年）。全国有4个主要民族：阿肯族（52.4%）、莫西—达戈姆巴族（15.8%）、埃维族（11.9%）和加—阿丹格贝族（7.8%）。官方语言为英语。另有埃维语、芳蒂语和豪萨语等民族语言。居民69%信奉基督教，15.6%信奉伊斯兰教,8.5%信奉传统宗教。首都阿克拉。

现行宪法于1992年4月26日全民公决通过，1993年1月7日起生效。后经1996年修正。本书译文依据的是1996年宪法文本。

加纳共和国宪法

（1992年4月26日通过）

第三章　国籍

第9条　国会的国籍立法

第2款　除了本宪法第7条的规定外，除非在其提出登记申请时通晓一种加纳的本土语言，个人不得被登记为加纳公民。

第五章　基本人权与自由

第一节　通则

第14条　人身自由的保护

第 2 款 对任何被逮捕、限制或者拘留的人，都应当以其通晓的语言及时告知其逮捕、限制和拘留的理由及其选择律师的权利。

第 19 条 公正审判

第 2 款 被控犯罪的人：

第 4 项 应当及时以其通晓的语言详细告知其被指控犯罪的性质。

第 8 项 如果其不理解审判使用的语言，则应当获得免费的翻译帮助。

第 26 条 文化权利和活动

第 1 款 每个人都有权欣赏、实践、信奉、维护和促进符合本宪法规定的任何文化、语言、传统或者宗教。

第六章 国家政策指导原则

第 39 条 文化目标

第 3 款 国家应当促进加纳语言[①] 的发展和增强加纳文化的自豪感。

① Ghanaian languages.

加　蓬

加蓬，国名全称为加蓬共和国。加蓬位于非洲中部。面积约 26.8 万平方公里。人口约 210 万（2019 年）。有 40 多个民族，主要有芳族（占全国人口 40%）、巴普努族（占全国人口的 22%）等。官方语言为法语。民族语言有芳语、米耶内语和巴太凯语。居民 50% 信奉天主教，20% 信奉基督教新教，10% 信奉伊斯兰教，其余信奉原始宗教。首都利伯维尔。

现行宪法于 1991 年 3 月 26 日颁布。后历经 1994、1995、1997、2000、2003、2011、2018 和 2021 年修正[①]。本书译文依据的是 2021 年宪法文本。

加蓬共和国宪法

（1991 年 3 月 26 日颁布）

第一章　共和国和主权

第 2 条

第 8 款　法语为加蓬共和国的官方语言。同时，国家致力于保护和促进民族语言。

---

① 信息来源：加蓬国民议会官方网站（www.assemblee-nationale.ga），检索日期：2022-07-22。

津巴布韦

津巴布韦，国名全称为津巴布韦共和国。津巴布韦是一个非洲东南部内陆国家。面积约 39 万平方公里。人口约 1,690 万。主要有绍纳族（占 84.5%）和恩德贝莱族（占 14.9%）。官方认可的语言有多种，如尼扬贾语、契巴威语、英语、卡兰加语等。58% 的居民信奉基督教，40% 信奉原始宗教，1% 信奉伊斯兰教。首都哈拉雷。

2013 年 3 月，津巴布韦新宪法草案顺利通过全民公投，5 月 22 日发布，2013 年 8 月 22 日正式生效。后经 2017 年修正。本书译文依据的是 2017 年宪法文本。

津巴布韦共和国宪法

（2013 年 5 月 22 日发布）

第一章　基础条款

第 3 条　基础价值观和原则

第 2 款　善治原则，约束国家和所有机构以及各级政府机构，包括：

第 8 项　在适当考虑语言多样性、习惯做法和传统的前提下，促进民族团结、和平与稳定。

第 9 项　承认以下权利：

第 1 目　族群、种族、文化、语言和宗教群体。

第 6 条　语言

第 1 款　下列语言是津巴布韦官方认可的语言，即尼扬贾语、契巴威语、英语、卡兰加语、科伊桑语、南比亚语、恩道语、恩德贝莱语、尚加尼语、绍纳语、手语、索托语、汤加语、塞茨瓦纳语、文达语和科萨语。

第 2 款　议会法规定官方认可的语言及记录的语言。

第 3 款　国家和机构以及各级政府的机关，必须：

第 1 项　保证平等对待官方认可的所有语言；且

第 2 项　考虑到人们的语言偏好会受到政府措施或交际的影响。

第 4 款　国家必须促进在津巴布韦境内所有语言的使用，包括手语，并为发展这些语言创造条件。

第 7 条　促进对宪法的公共意识

国家必须提高对宪法的公共意识，尤其是通过以下方式：

第 1 项　将宪法翻译成所有官方认可的语言的版本，并尽可能广泛地传播。

第四章　权利声明

第二节　基本人权和自由

第 56 条　平等权和免受歧视权

第 3 款　每个人均不得基于其种族、肤色、部落、出生地、民族或出身、语言、阶层、宗教信仰、政治派别、见解、习俗、文化、性别、婚姻状况、年龄、怀孕、残障或经济社会地位，或者他们是婚生或非婚生等理由而受到不公正对待，均有免受歧视的权利。

第 63 条　语言和文化

每个人均有权：

第 1 项　使用自由选择的语言。

第 70 条　被指控者的权利

第 1 款　被指控犯罪者，均有以下权利：

第 10 项　将庭审语言翻译为他们所能理解的语言。

第 2 款　依本条规定向被指控者提供资料时：

第 1 项　被指控者得到能理解的语言信息。

第八章　司法和法院

第二节　司法人员的任命和任期

第 177 条　宪法法院法官的资格

第 1 款　任何津巴布韦公民，年满 40 岁、具有宪法知识，并且具有以下资格之一，则有被任命为宪法法院法官的资格：

第 1 项　他或她曾在适用罗马—荷兰法系或者英国法为通用法律，且英语为官方语言的国家中，在对民事或刑事案件具有普遍管辖权的法院担任法官；或者

第 2 项　不论是否间断，其现在或者曾经有资格实际在如下地方从事法律职业不少于 12 年：

第 2 目　在一个适用罗马—荷兰法系或者英国法并且官方语言为英语的国家内，且目前具有从业资格。

第 178 条　最高法院法官的资格

第 1 款　任何津巴布韦年满 40 岁的公民，并且具备以下条件，则有资格被任命为最高法院法官：

第 1 项　他或她曾在适用罗马—荷兰法系或者英国法为通用法律，且英语为官方语言的国家中，在对民事或刑事案件具有普遍管辖权的法院担任法官；或者

第 2 项　不论是否间断，其现在或者曾经有资格实际在如下地方从事法律职业不少于 10 年：

第 2 目　在一个适用罗马—荷兰法系或者英国法并且官方语言为英语的国家内，且目前具有从业资格。

第 179 条　高等法院、劳动法院和行政法院法官的资格

第 1 款　任何人，年满 40 岁，并且具备以下条件，则有资格被任命为高等法院、劳动法院或行政法院的法官：

第 1 项　他或她曾在适用罗马—荷兰法系或者英国法为通用法律，且英语为官方语言的国家中，在对民事或刑事案件具有普遍管辖权的法院担任法官；或者

第 2 项　不论是否间断，其现在或者曾经有资格实际在如下地方从事法律职业不少于 7 年：

第 2 目　在一个适用罗马—荷兰法系或者英国法并且官方语言为英语的国家内，或者

第 3 目　如果他或她是津巴布韦公民，则在英国法并且官方语言为英语的国家内，且目前具有从业资格。

第 187 条　罢免法官

第 4 款　根据本条指定的特别法庭应当由总统从下列人员中选出不少于 3 名成员组成，其中：

第 1 项　至少一个人必须是：

第 2 目　担任或曾在适用罗马—荷兰法系或者英国法为通用法律，且英语为官方语言的国家中，在对民事或刑事案件具有普遍管辖权的法院担任法官。

第十二章　独立委员会

第五节　津巴布韦媒体委员会

第 249 条　津巴布韦媒体委员会的职能

第 1 款 津巴布韦媒体委员会具有以下职能：

第 7 项 确保津巴布韦官方语言的使用和发展。

第十八章 一般和补充规定

第三节 解释

第 345 条 宪法不同文本之间的不一致

如果宪法的文本表达不一致，以英语文本优先。

喀麦隆

喀麦隆，国名全称为喀麦隆共和国。喀麦隆位于非洲中部。面积约475,442平方公里。人口约2,587万（2019年）。约有200多个民族，主要有富尔贝族、巴米累克族、赤道班图族（包括芳族和贝蒂族）、俾格米族、西北班图族（包括杜阿拉族）。英语和法语为官方语言。约有200种民族语言，但均无文字。40%人口信奉天主教和基督教新教，20%信奉伊斯兰教，40%信奉传统宗教。首都雅温得。

1972年5月20日，喀麦隆公民投票通过新宪法。后历经1975、1984、1995、1996和2008年修正。本书译文依据的是2008年宪法文本。

喀麦隆共和国宪法

（1972年5月20日经公民投票通过）

第一章　国家与主权

第1条

第3款　喀麦隆共和国的官方语言为英语和法语，两种语言地位相同。喀麦隆共和国保证在全国领土范围内推广双语制，并致力于保护和发展民族语言。

第7款　喀麦隆共和国的国玺是一枚直径46毫米、底部凸起的圆形浅浮雕徽章，正面中央是一个少女侧脸像，右侧面朝一根附有两片叶子的咖啡树枝，左侧靠近五颗可可果，上半拱形用法语写着“喀麦隆共和国”，下半拱形用法语印刻着国家箴言“和平、劳动、祖国”。反面中央为喀麦隆共和国的国徽，上半拱形用英语写着“喀麦隆共和国”，下半拱形用英语印刻有“和平、劳动、祖国”。

第四章　行政权与立法权之间的关系

第31条

第3款　法律以英语和法语两种语言形式共布于政府公报。

第十三章　过渡条款和最终条款

第69条

本法以英语和法语刊载和公布于喀麦隆共和国政府公报。本法将作为喀麦隆共和国宪法得以实施。

科摩罗

科摩罗，国名全称为科摩罗联盟。科摩罗是一个西印度洋岛国，由大科摩罗、昂儒昂、莫埃利、马约特四岛组成。面积约 2,236 平方公里（包括马约特岛）。人口约 87 万（2020 年）。主要由阿拉伯人后裔、卡夫族、马高尼族、乌阿马查族和萨卡拉瓦族组成。通用科摩罗语，官方语言为科摩罗语、法语和阿拉伯语。超过 95% 的居民信奉伊斯兰教，主要为逊尼教派。首都莫罗尼。

2018 年 7 月，阿扎利总统推动修订宪法，全民公决通过。后无修正。

科摩罗联盟宪法

（2018 年 7 月通过）

第一章　基本原则

第一节　科摩罗联盟

第 9 条

第 5 款　科摩罗官方语言是作为国家语言的科摩罗语以及法语、阿拉伯语。

科特迪瓦

科特迪瓦，国名全称为科特迪瓦共和国。科特迪瓦位于非洲西部。面积约 322,463 平方公里。人口约 2,700 万（2021 年）。全国有 69 个民族，分为 4 大族系：阿肯族系约占 42%，曼迪族系约占 27%，沃尔特族系约占 16%，克鲁族系约占 15%。近年来，来自布基纳法索、加纳、几内亚、马里和利比里亚等国的外国侨民人口数量增长较快，目前约占人口总数的 26%。各民族均有自己的语言，全国大部分地区通用迪乌拉语（无文字）。官方语言为法语。42% 的居民信奉伊斯兰教，34% 信奉基督教，16.7% 无宗教信仰，其余信奉原始宗教等。政治首都亚穆苏克罗。

2016 年 10 月，科特迪瓦举行全民公投通过新宪法。后经 2020 年修正。本书译文依据的是 2016 年宪法文本。

科特迪瓦共和国宪法

（2016 年 11 月 8 日通过第 886 号法律）[①]

第一编　权利、自由及义务

第一章　权利与自由

第 4 条

第 2 款　任何人都不得因其民族、族群、氏族、部落、肤色、性

① 信息来源：粮农组织数据库（www.fao.org），检索日期：2022-07-22。

别、地区、社会出身、宗教或信仰、财富、文化或者语言上的差异性、社会地位、身体状况或者精神状况，而享有特权或者受到歧视。

第7条

第3款 被逮捕或拘留者，均有权获得人道待遇，保护其尊严。应立即以他们通晓的语言告知其被逮捕或拘留的原因以及他们的权利。

第二编 国家和主权

第一章 共和国基本原则

第48条

第5款 科特迪瓦的官方语言是法语。

第五编 立法权与执行权之间的关系

第一章 法律法规领域

第101条

第1款 法律规定了以下规则：

第20项 促进和发展民族语言的条件。

肯尼亚

肯尼亚，国名全称为肯尼亚共和国。肯尼亚位于非洲东部。面积约582,646平方公里。人口约4,756.4万（2019年）。全国共有44个民族，主要有基库尤族（17%）、卢希亚族（14%）、卡伦金族（11%）、卢奥族（10%）和康巴族（10%）等。此外，还有少数印巴人、阿拉伯人和欧洲人。斯瓦希里语为国家语言，和英语同为官方语言。全国人口的45%信奉基督教新教，33%信奉天主教，10%信奉伊斯兰教，其余信奉原始宗教和印度教。首都内罗毕。

2010年4月，肯尼亚新宪法草案获议会批准，8月通过全民公投，同年8月27日正式颁布实施。后无修正。

肯尼亚共和国宪法

（2010年8月4日通过）

第二章　共和国

第7条　国家语言、官方语言和其他语言

第1款　斯瓦希里语是共和国的国家语言。

第2款　斯瓦希里语与英语为共和国的官方语言。

第3款　国家应当——

第 1 项　促进和保护肯尼亚人民的语言多样性；且

第 2 项　促进肯尼亚原住民语言以及肯尼亚手语、盲文以及其他残障人士使用的沟通方式与技术的开发和使用。

第四章　权利法案

第二节　权利与基本自由

第 27 条　平等和免于歧视的自由

第 4 款　国家不得基于种族、性别、是否怀孕、婚姻状况、健康状况、民族或者社会出身、肤色、年龄、残障、宗教、良心、信仰、文化、服饰、语言或血统而对任何人进行直接或者间接的歧视。

第 44 条　语言和文化

第 1 款　每个人都有依据自己的选择使用语言与参与文化活动的权利。

第 2 款　任何属于一个文化或者语言共同体的人，有权与共同体的其他成员——

第 1 项　享受其文化和使用其语言；或者

第 2 项　成立、加入和维持文化和语言的社团或者公民社会的其他机构。

第 49 条　被逮捕者的权利

第 1 款　被逮捕者有以下权利：

第 1 项　以其所通晓的语言及时得到下列通知：

第 1 目　被逮捕原因。

第 2 目　有权保持沉默；以及

第 3 目　放弃沉默权的后果。

第 50 条 公平审判

第 2 款 每个被告人享有获得公平审判的权利，其包括：

第 13 项 如果被告人不理解庭审语言，则免费获得翻译人员的帮助。

第 3 款 当本条规定应当通知某人时，则应当以该人通晓的语言进行通知。

第三节 权利的具体适用

第 54 条 残障人士

第 1 款 残障人士有权：

第 4 项 使用手语、盲文或者其他适当的沟通方式。

第七章 议员

第三节 政党

第 91 条 政党的基本规范

第 2 款 各政党不得——

第 1 项 建立在宗教、语言、种族、民族、性别或地域基础之上，或者在此基础上进行仇恨宣传。

第八章 立法机关

第五节 国会的一般程序和规则

第 120 条 国会的官方语言

第 1 款 国会的官方语言为斯瓦希里语、英语和肯尼亚手语，国会事务得以英语、斯瓦希里语和肯尼亚手语进行。

第 2 款 当国会法律因不同语言的文本而发生冲突时，以总统签署的文本为准。

第十七章　一般规定

第 259 条　宪法的解释

第 2 款　当本宪法的不同语言文本出现分歧时，以英语文本为准。

附件四 【中央政府与县政府的职权分配】

第一节　中央政府

五、语言政策及官方语言与地方语言的提倡。

莱索托

莱索托，国名全称为莱索托王国。莱索托是一个非洲南部内陆国家。面积约 30,344 平方公里。人口约 214 万（2021 年）。绝大多数人口属班图语系的巴苏陀族和祖鲁族。塞苏陀语和英语为官方语言。约 90% 的居民信奉基督教新教和天主教，其余信奉原始宗教和伊斯兰教。首都马塞卢。

现行宪法于 1993 年 3 月颁布生效。后历经 1996、1997、1998、2001、2004、2011、2018 和 2020 年修正。本书译文依据的是 2018 年宪法文本。

莱索托王国宪法

（1993 年 3 月颁布）

第一章　王国及其宪法

第 3 条　官方语言、国玺及其他

第 1 款　塞苏陀语和英语均为莱索托官方语言；任何文件和交易不能因仅使用其中一种语言而归于无效。

第二章　基本人权和自由的保障

第 4 条　基本人权和自由

第 1 款　莱索托的任何个人，不论其种族、肤色、性别、语言、宗教、政治观点、民族或社会出身、财产、血统或其他社会地位，一律享有以下基本人权和自由：

第 1 项　生命权。

第 2 项　自由权。

第 3 项　迁徙和居住自由。

第 4 项　免于非人道对待的自由。

第 5 项　免于奴役和强迫劳动的自由。

第 6 项　免于任意搜查或者侵入的权利。

第 7 项　隐私和家庭生活得到尊重的权利。

第 8 项　对刑事指控获得公正审判的权利，民事权利义务获得公正判决的权利。

第 9 项　良心自由。

第 10 项　表达自由。

第 11 项　和平集会的自由。

第 12 项　结社自由。

第 13 项　不受任意扣押财产的自由。

第 14 项　免于歧视的权利。

第 15 项　法律面前的平等权和法律的同等保护。

第 16 项　参与治理的权利。

第 6 条　人身自由权

第 2 款　对任何被逮捕或拘留的人，都应当以其通晓的语言及时告知其被逮捕或者拘留的原因。

第 12 条　受公正审判的权利

第 2 款　个人受到刑事起诉后：

第 2 项　应当在合理可行的范围内，尽快以其通晓的语言详细告知其受指控犯罪的性质。

第6项　如果其不理解审判使用的语言，则应当获得免费的翻译帮助；除获得其同意之外，审判不得缺席进行，除非其行为致使诉讼不能继续进行，法院责令其退庭并进行缺席审判。

第18条　免于歧视的自由

第3款　本条规定的“歧视”，是指全部或者主要基于种族、肤色、性别、语言、宗教、政治或其他观点、民族或社会出身、财产、血统或其他身份给予不同的人以不同对待，而使具有特定身份的人处于不利地位或者受到限制，而具有其他身份的人非处于不利地位或者受到限制，或者被给予其他人不会享有的特权和优惠。

第5款　法律对公职部门、军队、地方政府部门和公法部门任职人员的资格条件（该资格条件非与种族、肤色、性别、语言、宗教、政治观点、民族或者社会出身、财产、血统或者其他身份有特别关联）的规定不视为抵触或者违反本条。

第21条　基本人权和自由的限制

第2款　当根据第1款规定的法律对个人进行拘留时，应当适用下列条款：

第1项　在拘留开始后合理可行的范围内，他将获得以其通晓的语言详细列明拘留理由的书面通知。

第三章　国家政策原则

第26条　平等和公正

第1款　莱索托实行的政策是建立一个不论种族、肤色、性别、语言、宗教、政治或其他见解、民族或社会出身、财产、血统或其他身份，而基于所有公民平等和正义之上的社会。

第六章　国会

第一节　国会的构成

第 58 条　国会议员资格

第 1 款　除本宪法第 59 条的规定外，个人在提名或者委任之日若符合下列条件，则有资格由国王根据国务委员会提名为议员或者由酋长委任为替代其的议员，且不得被取消资格：

第 1 项　为莱索托公民；以及

第 2 项　除非失明或其他身体原因导致的伤残外，能够熟练使用、阅读和书写塞苏陀语或英语而参与参议院的议事程序。

第 2 款　除本宪法第 59 条的规定外，个人在提名参选之日若符合下列条件，则有资格被选举为议会议员，且不得被取消资格：

第 1 项　为莱索托公民；以及

第 2 项　在议会选举的选区进行登记，且有资格参加选举；以及

第 3 项　除非失明或者其他身体原因导致的伤残外，能够熟练使用、阅读和书写塞苏陀语或者英语而参与国民议会的议事程序。

利比里亚

利比里亚，国名全称为利比里亚共和国。利比里亚位于非洲西部。面积约 111,370 平方公里。人口约 505 万（2020 年）。有 16 个民族，较大的有克佩尔、巴萨、丹族、克鲁、格雷博、马诺、洛马、戈拉、曼丁哥、贝尔以及 19 世纪自美国南部移居来的黑人后裔。官方语言为英语。较大民族均有自己的语言。居民 85.6% 信奉基督教，12.2% 信奉伊斯兰教，2.2% 信奉当地传统宗教等其他宗教或无宗教信仰。首都蒙罗维亚。

现行宪法为 1986 年的新宪法。1984 年 7 月 3 日，新宪法经公投通过，1986 年 1 月 6 日生效。后无修正。

利比里亚共和国宪法

（1984 年 7 月 3 日通过）

第五章　立法机关

第 41 条

立法机关的事务应以英语进行，或者，当已作了充分准备时，立法机关可以决议准许使用共和国一种以上的语言。

利比亚

利比亚，国名全称为利比亚国。利比亚位于非洲北部。面积约176万平方公里。人口约698万（2021年），主要是阿拉伯人，其次是塔马齐格特人。阿拉伯语为国家语言。绝大多数居民信仰伊斯兰教。首都的黎波里。

2011年8月，"国家过渡委员会"公布《宪法宣言》，在政治过渡阶段发挥临时宪法作用。后历经2012、2013、2014和2018年修正。本书译文依据的是2012·年宪法文本。

利比亚国宪法宣言

（2012年9月9日刊登于宪报[1]）

第一章　一般规定

第1条

利比亚是一个独立的民主国家，人民是一切力量的源泉。它的首都是的黎波里，信奉伊斯兰教，伊斯兰教法是立法的主要来源。国家保障非穆斯林举办宗教仪式的自由。阿拉伯语是其官方语言。国家应保障利比亚社会所有组成部分的文化权利，其语言应被视为国家语言。

① 信息来源：日内瓦安全治理中心（security-legislation.ly），检索日期：2022-07-22。

第 6 条

利比亚人民在法律面前一律平等，享有同等的公民和政治权利，在各个领域享有平等的机会，并应承担同样的公共责任和义务，不因宗教、信仰、语言、财富、性别、亲属关系、政治见解、社会地位或部落、地区或家族忠诚而有所区别。

卢旺达

卢旺达，国名全称为卢旺达共和国。卢旺达位于非洲中东部赤道南侧，是一个内陆国家。面积约 26,338 平方公里。人口约 1,290 万（2020 年）。官方语言为卢旺达语、英语和法语。国家语言为卢旺达语，部分居民讲斯瓦希里语。居民 56.5% 信奉天主教，26% 信奉基督教新教，4.6% 信奉伊斯兰教。首都基加利。

2003 年 5 月 26 日，卢旺达全民公决通过新宪法。后历经 2005、2008、2010 和 2015 年修正。本书译文依据的是 2015 年宪法文本。

卢旺达共和国宪法

（2003 年 5 月 26 日通过）

序言

我们，卢旺达公民：

二、考虑到我们享有同一个国家、共同的语言、共同的文化以及悠久的历史，这应当使我们对未来的命运有着共同的展望。

第二章　卢旺达共和国

第 8 条　国家语言和官方语言

第 1 款　国家语言是卢旺达语。

第 2 款　官方语言为卢旺达语、英语和法语。

第3款 组织法可以增加或删除官方语言。

第4款 官方文件可以使用一种、两种或全部官方语言成文。

第四章 人权与自由

第一节 权利和自由

第16条 免受歧视的保护

第2款 法律禁止并惩处任何基于民族、家庭或祖先，氏族、肤色或种族、性别、地区、经济状况、宗教或信仰、见解、财富、文化差异、语言、经济地位、身体或心理缺陷以及其他任何方面的歧视。

第七章 行政机关

第二节 立法机关

第五小节 法律体系及其权威解释

第96条 权威法律解释

第4款 若政府公报上发布法律的语言之间存在冲突，则以该法律通过时的语言为准。

第三节 行政机关

第四小节 其他国家机关

第139条 国家委员会、专门机构、国家理事会和公共机构

第1款 设立下列负责解决国家重要事项的国家委员会、专门机构和国家理事会和公共教育机构：

第2项 专门机构：

第5目 卢旺达语言文化学院。

马达加斯加

马达加斯加，国名全称为马达加斯加共和国。马达加斯加位于非洲大陆以东、印度洋西部。面积约590,750平方公里（包括周围岛屿）。人口约2,770万（2020年）。马达加斯加人占总人口的98%以上，由18个民族组成，其中较大的有：伊麦利那（占总人口的26.1%）、贝希米扎拉卡（14.1%）、贝希略（12%）、希米赫特（7.2%）、萨卡拉瓦（5.8%）、安坦德罗（5.3%）和安泰萨卡（5%）等。各民族语言、文化、风俗习惯大体相同。在马达加斯加定居的尚有少数科摩罗人、印度人、巴基斯坦人和法国人，另有华侨和华裔约5万人。国家语言为马达加斯加语（属马来—波利尼西亚语系），官方语言为马达加斯加语和法语。居民中信奉传统宗教的占52%，信奉基督教（天主教和新教）的占41%，信奉伊斯兰教的占7%。首都塔那那利佛。

2010年11月，马达加斯加过渡政权推动全民公投通过新宪法，以第2010-994号命令颁布。后无修正。

马达加斯加共和国宪法

（2010年11月22日通过）

第一编　基本原则

第4条

第3款　国家语言是马拉加斯加语。

第7款　官方语言是马拉加斯加语和法语。

马拉维

马拉维，国名全称为马拉维共和国。马拉维是一个位于非洲东南部的内陆国家。面积约118,484平方公里。人口约1,912万（2019年）。绝大多数为班图语系黑人。主要民族为契瓦族、隆韦族和尧族。官方语言为英语和奇契瓦语。约69%的居民信奉基督教新教和天主教，25%的居民信奉伊斯兰教，其余信奉原始宗教。首都利隆圭。

现行宪法于1994年5月颁布。后历经1995、1997、1998、1999、2001、2004、2010、2012和2017年修正。本书译文依据的是2017年宪法文本。

马拉维共和国宪法

（1994年5月18日颁布）

第四章　基本人权

第20条　平等权

第1款　禁止任何形式的歧视。法律确保所有人皆能享有平等且有效的保护，免于任何基于种族、肤色、性别、语言、宗教、政治或其他见解、国籍、民族或社会出身、残障、财产、血统或其他身份或地位的歧视。

第26条　文化和语言

每个人都有使用语言的权利以及参加其所选择的文化生活的权利。

第42条 逮捕、拘留和公平审判

第1款 任何被拘留的人，包括被判刑的罪犯，都有权：

第1项 以他通晓的语言迅速被告知其被拘留的原因。

第2款 任何被控犯罪或逮捕的个人，除了享有前项被拘留者的权利外，还有如下权利：

第1项 以其通晓的语言被告知其有权保持沉默，并被告知其所作的任何陈述的后果。

第6项 被告人接受公平审判的权利，应包括以下权利：

第9目 以其能理解的语言进行审判，若不能达此要求，则应由国家支付费用，将所要进行的程序译为其理解的语言。

第六章 立法

第51条 议会成员的资格

第1款 任何人不能被提名或被选举为议会成员，除非该人具有下列情形：

第2项 具备足够的读和讲英语的能力，以便能够积极参与议会程序的进行。

第56条 规范程序的权利

第5款 议会程序的进行应当用英语及其他由该议会就其程序规定的语言。

第八章 行政

第94条 部长和副部长的任命

第2款 被任命为部长或副部长的人员应具备下列条件：

第2项 具备读说英语的能力。

马　里

马里，国名全称为马里共和国。马里位于非洲西部撒哈拉沙漠南缘。面积约124万平方公里，人口约2,030万（2020年）。全国有23个民族，主要有班巴拉（占全国人口的34%）、颇尔（11%）、塞努福（9%）和萨拉考列（8%）等族。各民族均有自己的语言。官方语言为法语，通用班巴拉语（1972年形成文字）。80%的居民信奉伊斯兰教，18%信奉传统拜物教，2%信奉天主教和基督教新教。首都巴马科。

现行宪法于1992年1月经全民公决通过，1992年2月25日第92-073 P-CTSP号法令颁布。后经1999年修正。本书译文依据的是1992年宪法文本。

马里共和国宪法

（1992年1月12日通过）

序言

人民是马里的主权者，拥有英勇的斗争传统，仍然忠于在镇压中牺牲的烈士和荣誉殉道者的理念，以便实现法治国和多元民主。

（三）决心捍卫妇女和儿童权利以及国家共同体的文化和语言的多样性。

第一章　人的权利和义务

第 2 条

在权利和义务方面，所有马里人生而是且始终是自由的和平等的。禁止以社会出身、肤色、语言、民族、性别、宗教和政治见解为基础的任何歧视。

第二章　国家和主权

第 25 条

第 8 款　法语是官方语言。

第 9 款　法律保证推广和促进民族语言官方化的方式。

毛里求斯

毛里求斯，国名全称为毛里求斯共和国。毛里求斯位于非洲大陆以东、印度洋西南部。面积约 2,040 平方公里（包括属岛面积约 175 平方公里）。人口约 126 万（2020 年 7 月）。居民主要由印度和巴基斯坦裔（69%）、克里奥尔人（欧洲人和非洲人混血，27%）、华裔（2.3%）和欧洲裔（1.7%）组成。官方语言为英语，法语亦普遍使用，克里奥尔语为当地人最普遍使用的语言。居民中 52% 信奉印度教，30% 信奉基督教，17% 信奉伊斯兰教，另有少数人信奉佛教。首都路易港。

现行宪法于 1968 年颁布，后历经二十余次修正，最新一次修正时间是 2016 年。本书译文依据的是 2016 年宪法文本。

毛里求斯共和国宪法

（1968 年 3 月 12 日颁布）

第二章　个人基本权利和自由的保障

第 5 条　个人自由权利的保障

第 2 款　对于被逮捕或拘留者，应当尽快用其通晓的语言告知其被逮捕或拘留的原因。

第 4 款　依据本条第 1 款第 11 项被拘留者：

第 1 项　从被拘留之日起尽快，至多不超过 7 日，向其提供一份用其理解的语言书写的关于其被拘留事由的详细说明。

第 10 条　有关确认法律保护的条款

第 2 款　凡因刑事案件被起诉者：

第 2 项　应尽快将犯罪的性质，以其通晓的语言详细告知。

第 6 项　在审判过程中，若被告不理解庭审所使用的语言，应当允许其免费获得翻译人员的帮助，非经本人同意，审判不得于其缺席时进行，若因其本身的行为妨碍庭审进行，而由法庭命令将其带离法庭并于其缺席继续进行审讯的情况，则不在此限。

第 15 条　保护迁徙自由

第 4 款　因本条第 3 款第 1 项、第 3 款第 2 项而被限制迁徙自由的人员，若如此请求，则：

第 1 项　依其请求，应在 7 日内，尽快以其理解的语言提供一份说明，详细记载其被限制自由的理由。

第 18 条　非常权力情况下对基本权利和自由的克减

第 3 款　当依据本条第 1 款所指的法律规定拘留某人（不包括与毛里求斯交战的敌国公民，或者以他国名义参与了针对毛里求斯的敌对行为或与之相关，或者有协助或支持他国的非毛里求斯公民）时，应适用下列各款的规定：

第 1 项　在 7 日内，尽快以其理解的语言，向其提供一份说明，详细记载其被拘留的原因。

第五章　议会

第一节　国民大会

第 33 条　竞选议员的资格

根据第 34 条的规定，符合下列情形的人员可以有资格被选举为国民大会议员：

第 4 项　除因失明或者其他身体缺陷，应具备英语讲和读的能力，保证其能积极参与大会活动。

第 34 条　不具备竞选议员的情形

第 1 款　有下列情形者不得被选举为国民大会议员：

第 3 项　本人与政府订立有公共事业合同，或者是与政府订立有此类合同的公司合伙人、董事或者经理，在其被提名参议员后 14 日内，未在公报及其参选选区报纸上用英语阐明合同性质、本人或者公司的利益的。

第二节　国民大会的立法及程序

第 49 条　官方语言

国民大会的官方语言为英语，但议员可用法语向主席表达其意。

毛里塔尼亚

毛里塔尼亚，国名全称为毛里塔尼亚伊斯兰共和国。毛里塔尼亚位于非洲撒哈拉沙漠西部。面积约 103 万平方公里。人口约 478 万（2021 年）。总体上分为摩尔族和黑非民族（非洲黑人）两大类。摩尔族中白摩尔人（阿拉伯—柏柏尔血统）占 30%，具有阿拉伯文化语言传统的哈拉廷人（又称黑摩尔人）占 40%，非洲黑人占 30%。主要黑非民族是图库勒族、颇尔族、索宁克族、沃洛夫族和班巴拉族。阿拉伯语为官方语言，法语为通用语言。国家语言有布拉尔语、索宁克语和沃洛夫语。约 96% 的居民信奉伊斯兰教。首都努瓦克肖特。

1991 年 7 月 12 日通过的宪法确立了“三权分立”原则，被认为是毛里塔尼亚第一部民主宪法。1991 年 7 月 20 日生效。后历经 2006、2012 和 2017 年修正。本书译文依据的是 2012 年宪法文本。

毛里塔尼亚伊斯兰共和国宪法

（1991 年 7 月 12 日通过）

序言

四、基于历史的统一、共享的道德和精神价值，以及共同的未来所激励，毛里塔尼亚人民认识到并宣告其文明的多元性，厚植于国家的统一和社会团结及其后果，拥有差异的权利。作为国家语言和官方语言的阿拉伯语，以及其他的布拉尔语、索宁克语和沃洛夫语国家语言，每一种语言都构成所有毛里塔尼亚人民的共同遗产，国家必须以全体人民的名义予以保护和促进。

第一章　总则和基本原则

第6条

国家语言有阿拉伯语、布拉尔语、索宁克语和沃洛夫语。官方语言为阿拉伯语。

摩洛哥

摩洛哥，国名全称为摩洛哥王国。摩洛哥位于非洲西北端，面积约45.9万平方公里（不包括西撒哈拉26.6万平方公里）。人口约3,621万人（2021年）。阿拉伯人约占80%，塔马齐格特人约占20%。阿拉伯语为官方语言，塔马齐格特语亦为官方语言，通用法语。信奉伊斯兰教。首都拉巴特。

现行宪法于2011年7月1日经公投通过，2011年7月29日穆罕默德六世国王以第1-11-91号诏令颁布。后无修正。

摩洛哥王国宪法

（2011年7月1日通过）

序言

四、以这些永恒的价值和原则为基础，增强于其他国家博爱、合作、团结和建设性伙伴关系的决心，并致力于共同进步，摩洛哥王国作为完全主权的单一国家，属于大马格里布[①]，确认并致力于：

（八）摒弃一切以性别、肤色、信仰、文化、社会或地区出身、

---

① 大马格里布，阿拉伯语意为“日落之地”，即非洲西北部地区。逐渐成为摩洛哥、阿尔及利亚和突尼斯三国的代称。大马格里布还包括利比亚西部。该地区传统上受地中海和阿拉伯文明影响，同时也与撒哈拉沙漠以南的黑非洲地区有着密切的贸易往来，因此形成了独特的文化。

语言、残障或任何个人环境为基础的歧视，并与这些歧视作斗争。

第一编　总则

第5条

第1款　阿拉伯语为国家的官方语言。

第2款　国家努力保护和发展阿拉伯语，并促进其应用。

第3款　塔马齐格特语同样为国家的官方语言，毫无例外地作为所有摩洛哥人的共同遗产。

第4款　组织法确定这一语言的官方性的实施过程，并确定其进入教育和公共生活优先领域以发挥官方语言功能的方式。

第5款　国家努力维持哈萨尼语作为摩洛哥文化传统的不可缺少的组成部分，并保护在摩洛哥进行文化交流和表达。同时，国家确保国家语言与文化政策的和谐，确保世界上最通用外语的教育与学习，以作为与文明社会交流、融合与互动的工具，并确保对不同文化以及当代文明的开放性。

第6款　设立摩洛哥语言与文化委员会，尤其负责保护和发展阿拉伯语和塔马齐格特语，保护和发展构成真正遗产和当代启示源泉的摩洛哥多元文化表达。它重新组织涉及此领域的各相关机构的整体。组织法确定其权限、构成和运作方式。

第二编　基本自由与权利

第28条

第4款　法律确定对公共通信手段的组织和监督的规则。法律在尊重摩洛哥社会的语言、文化和政治多元性的范围内保障人人可以利用这些公共通信手段。

莫桑比克

莫桑比克，国名全称为莫桑比克共和国。莫桑比克位于非洲东南部。面积约 799,380 平方公里。人口约 3,040 万（2019 年）。主要民族有马库阿—洛姆埃族（约占总人口的 40%）、绍纳—卡兰加族、尚加纳族、佐加族、马拉维—尼扬加族、马孔德族和尧族等。官方语言为葡萄牙语，各大民族有自己的语言，绝大多数属班图语系。28.4% 的居民信奉天主教，17.9% 信奉伊斯兰教，其他多信仰原始宗教和基督教新教。首都马普托。

现行宪法于 2004 年 11 月 16 日由共和国议会批准，2004 年 12 月生效。后经 2007 和 2018 年修正。本书译文依据的是 2007 年宪法文本。

莫桑比克共和国宪法

（2004 年 11 月 16 日由共和国议会批准）

第一编　基本原则

第一章　共和国

第 9 条　国家语言

国家应把国家语言作为文化和教育的遗产来尊重，应促进其发展，并越来越多地使用民族语言来促进民族认同。

第 10 条　官方语言

莫桑比克共和国的官方语言是葡萄牙语。

第二章　对外政策和国际法

第 21 条　友谊和合作的特殊关系

莫桑比克共和国与同一地区国家、以葡萄牙语为官方语言的国家以及接纳莫桑比克移民的国家保持特殊的友谊与合作关系。

第二编　国籍

第二章　国籍的取得

第 27 条　归化入籍

第 1 款　旨在归化入籍取得莫桑比克共和国国籍的外国公民，提交申请时须满足下列所有条件：

第 3 项　掌握葡萄牙语或一种莫桑比克的本土民族语言[①]。

第四编　经济、社会、金融和财政组织

第三章　社会机构

第 125 条　残障人士

第 2 款　国家应为残障人士学习和发展手语创造条件。

---

① 原文是 a Mozambican language。

纳米比亚

纳米比亚，国名全称为纳米比亚共和国。纳米比亚位于非洲西南部。面积约 824,269 平方公里。人口约 253 万（2019 年）。88% 为黑人，白人和有色人约占总人口的 12%。奥万博族是最大的民族，占总人口的 50%。其他主要民族有：卡万戈、达马拉、赫雷罗以及卡普里维、纳马、布须曼、雷霍伯特和茨瓦纳族。官方语言为英语，通用阿非利卡语、德语和广雅语、纳马语及赫雷罗语。90% 的居民信仰基督教，其余信奉原始宗教。首都温得和克。

现行宪法于 1990 年 2 月制定，同年 3 月 21 日生效。后历经 1998、2010 和 2014 年修正。本书译文依据的是 2014 年宪法文本。

纳米比亚共和国宪法

（1990 年 2 月制定）

第一章　共和国

第 3 条　语言

第 1 款　纳米比亚官方语言为英语。

第 2 款　宪法中没有任何一条禁止私立学校或公立学校使用其他语言作为教学语言，上述要求将由法律贯彻执行，由此来保证官方语言的精通和教学。

第 3 款 本条第 1 款不禁止议会通过立法允许英语之外的其他语言因立法、行政和司法原因在通用该语言的地区中使用。

第三章 基本人权与自由

第 11 条 逮捕和拘留

第 2 款 在执行拘留命令之前应使用被逮捕人通晓的语言告知其逮捕原因。

第 19 条 文化

公民有权享受、实践、宣称、维护和促进本宪法及本条款保护的任何文化、语言、传统或宗教，但不得侵犯他人的权利和国家利益。

第 24 条 克减

第 2 款 依据本条第 1 款的规定，被拘留者将适用下述规定：

第 1 项 应在拘留后 5 日内以其理解的语言以一份书面通知告知其被拘留的原因，并可以依据被拘留者要求将此说明给他当面宣读。

第七章 国民大会

第 65 条 法律的签署与备案

第 1 款 提案经议会通过、总统签署并在登报公布后成为法律，国民大会秘书长须立即整理出 2 份英语复印件并将其送往最高法院登记处登记，上述复印件将成为法律的正式文本。

南　非

南非，国名全称为南非共和国。南非位于非洲大陆最南端，面积约 1,219,090 平方公里。人口约 5,962 万（2020 年）。分黑人、有色人、白人和亚裔四大种族，分别约占总人口的 80.7%、8.8%、8.0% 和 2.5%。黑人主要有祖鲁、科萨、斯威士、茨瓦纳、北索托、南索托、聪加、文达、恩德贝莱 9 个部族，主要使用班图语。白人主要为阿非利卡人（以荷兰裔为主，融合法国、德国移民形成的非洲白人民族）和英裔白人，语言为阿非利卡语和英语。有色人主要是白人同当地黑人所生的混血人种，主要使用阿非利卡语。亚裔人主要是印度人（占绝大多数）和华人。有 11 种官方语言，其中英语和阿非利卡语为通用语言。约 80% 的人口信仰基督教，其余信仰原始宗教、伊斯兰教、印度教等。行政首都比勒陀利亚；立法首都开普敦；司法首都布隆方丹。

1996 年，在临时宪法基础上起草的新宪法被正式批准，并于 1997 年开始分阶段实施。后历经十余次修正，最新一次修正时间是 2012 年。本书译文依据的是 2012 年宪法文本。

南非共和国宪法

（1996 年通过）

第一章　基础条款

第 6 条　语言

第 1 款　共和国的官方语言是瑟佩迪语、索托语、茨瓦纳语、茨瓦特语、文达语、聪加语、阿非利卡语、英语、恩德贝莱语、科萨语与祖鲁语。

第2款 考虑到本土语言由于历史原因造成的使用上和地位上的被贬低，国家必须采取实际和积极的措施以提升这些语言的地位并促进其使用。

第3款

第1项 在考虑过习俗、实际可行性、费用、地区状况以及全部在各相关省份中的人使用偏好与需要的平衡后，中央政府及各省政府可以采用任何特别的官方语言以满足统治的需要，但中央政府或各省政府必须采用至少两种官方语言。

第2项 各级政府必须考虑语言的习惯及其居民的偏好。

第4款 中央政府及省政府必须以立法或其他措施管制与监督官方语言的使用。在不违反本条第2款的前提下，所有官方语言都应受到同等的尊重和对待。

第5款 由国家立法机关建立的泛南非语言委员会应当：

第1项 创造条件以促进、发展与使用：

第1目 所有官方语言

第2目 科伊语、纳马语、桑语；和

第3目 手语，并且

第2项 促进并确保对下述语言的尊重：

第1目 在南非各社群的所有常用语言，包括德语、希腊语、古吉拉特语、印地语、葡萄牙语、泰米尔语、泰卢固语和乌尔都语；以及

第2目 在南非因宗教目的而使用的阿拉伯语、希伯来语、梵语和其他语言。

第二章　权利法案

第 9 条　平等

第 3 款　国家不得对任何人进行不公平的直接歧视或间接歧视。无论该歧视是基于种族、性别、怀孕状况、婚姻状况、族群或社会出身、肤色、性取向、年龄、残障、宗教、信仰、文化、语言和血统等一方面或几方面理由。

第 29 条　教育

第 2 款　当教育合理可行时，每一个人皆有权在公立教育机构以官方语言或以他们选择的语言接受教育。为了使公民能有效接触并实现这项权利，国家应当充分考虑其他合理的教育措施，包括单一媒体教育机构，并考虑到：

第 1 项　教育的平等性。

第 2 项　可行性；以及

第 3 项　改正过去种族歧视法律的结果及实践。

第 30 条　语言与文化

每一个人皆有权使用自己选择的语言及参与自己选择的文化生活，但是任何人不得以不符合本权利法案中任何条款的方式实施这些权利。

第 31 条　文化、宗教、语言社群

第 1 款　属于文化的、宗教的或语言的社群的任何人皆可以：

第 1 项　享受社群的文化，从事社群的宗教活动及使用社群的语言。

第 2 项　组织、加入及维持文化的、宗教的及语言的结社及公民社会的任何其他机构。

第 35 条　被逮捕、拘禁者的权利

第 3 款 每一个被告有权接受公平的审判，包括：

第 11 项 以被告理解的语言进行审判，或若不具可行性时，则需提供翻译。

第 4 款 本条规定的任何对特定人提出的信息，应当以该人通晓的语言提出。

第九章 支持宪政民主的国家机构

第 181 条 成立与管理原则

第 1 款 下列的国家机构加强共和国的宪政民主：

第 3 项 文化、宗教及语言权利保护与促进委员会。

第三节 文化、宗教及语言权利保护与促进委员会

第 185 条 委员会的职能

第 1 款 文化、宗教及语言权利保护与促进委员会的基本目标是：

第 1 项 促进对文化、宗教及语言权利的尊重。

第 2 项 在平等、非歧视及自由结社的基础上促进及发展文化、宗教及不同语言群体之间的和平、友谊、人道、包容及团结。

第 2 款 委员会拥有达成其基本目标的必要权力，包括监督、调查研究、教育、游说、建议，以及公告关于文化、宗教及语言权利议题的权力。

第 186 条 委员会的组成

第 1 款 文化、宗教及语言权利保护与促进委员会成员的人数及其任命与任期须由国家立法规定。

第 2 款 该委员会的组成必须：

第 1 项 基本代表南非的主要文化、宗教和语言群体。

第十四章 一般条款

第二节 其他事项

第235条 自决

在本宪法中所指的作为南非人民整体的自决权，并未在此权的构架下排除承认在共和国内的一地方单位中或以国家立法决定的其他方式下，共享一共同的文化和语言传统的社区的自决权的概念。

第240条 不同文本的冲突

如果本宪法的不同文本之间有不一致的情形，以英语文本为准。

附录四 国家与省共同立法权能的职能

第一部分

十五、在宪法第6条明确授予省级立法机构立法权限的范围内的语言政策以及官方语言管制。

南苏丹

南苏丹，国名全称为南苏丹共和国。南苏丹位于非洲东北部，面积约62万平方公里。人口约1,418万（2021年）。系多部族国家，有丁卡、努维尔、希鲁克、巴里等64个部族。居民大多信奉原始部落宗教，约18%的居民信奉伊斯兰教，约17%的居民信奉基督教。官方语言为英语，通用阿拉伯语。首都朱巴。

2011年7月9日南苏丹独立当日，原南方自治政府主席基尔签署南苏丹过渡期宪法。后历经2013、2015和2018年修正。本书译文依据的是2013年宪法文本。

南苏丹共和国过渡宪法（2011）

（2011年7月9日南苏丹共和国首任总统签署）

第一编　南苏丹以及宪法

第4条　捍卫宪法

第4款　各级政府应当推动对本宪法的公共意识，并通过将本宪法翻译成各民族语言的版本，并尽可能地广泛传播。各级政府应当通过媒体和报纸的定期传播和出版项目，在所有公立和私立的学校、培训机构、军队以及其他常规部队中进行宪法教育。

第6条　语言

第1款　所有南苏丹本土语言均为国家语言，应得到尊重、发展和促进。

第2款 英语是南苏丹共和国的官方语言，以及各级学校中的教学语言。

第3款 国家应当为有特殊需要人士的利益而促进发展手语。

第二编 权利法案

第14条 法律面前人人平等

人人在法律面前一律平等，并享有法律的平等保护，不因种族、民族、肤色、性别、语言、宗教信仰、政治见解、出身、居所或社会地位而受到歧视。

第33条 民族与文化社群的权利

民族与文化社群应当有权自由享受和发展他们独特的文化。社群成员有权实践他们的信仰、使用他们的语言、遵守他们的宗教，以及依照本宪法和法律的规定，在他们各自的文化和习俗背景中抚养其子女。

第十二编 财政和经济事务

第一章 国家财富公平分享和发展的指导原则

第169条

第6款 国家财富和其他资源的分配遵循的方式应当是使各级政府都能够履行它们的宪法和法律的责任和义务，以及保证所有人的生活质量和尊严都获得提高，并且不受基于性别、宗教、政治属性、民族、语言和居所而产生的任何歧视。

尼日尔

尼日尔，国名全称为尼日尔共和国。尼日尔系西非的一个内陆国家。面积约 1,267,000 平方公里。人口约 2,420 万（2020 年）。全国有 5 个主要民族：豪萨族（占全国人口的 56%）、哲尔马—桑海族（22%）、颇尔族（8.5%）、图阿雷格族（8%）和卡努里族（4%）。官方语言为法语。各民族均有自己的语言，豪萨语可在全国大部分地区通用。88% 的居民信奉伊斯兰教，11.7% 信奉原始宗教，其余信奉基督教。首都尼亚美。

2010 年 10 月经全民公投通过第七共和国宪法。2010 年 11 月 25 日以第 2010-754/PCSPD 号法令颁布并生效。后经 2011 和 2017 年修正。本书译文依据的是 2017 年宪法文本。

尼日尔共和国宪法

（2010 年 10 月 31 日通过）

第一章　国家与主权

第 5 条

第 1 款　构成尼日尔国家的所有群体均享有在尊重他人语言的前提下，使用自己语言的自由。

第 2 款　每个群体的语言均平等地享有国家语言的地位。

第 3 款 国家致力于促进和发展民族语言。

第 4 款 法律规定促进和发展国家语言的方式。

第 5 款 官方语言为法语。

第二章　人的权利和义务

第 43 条

第 1 款 国家有义务保障以国家语言翻译和传播宪法、与基本自由和人权相关的文本。

第八章　高等通信委员会

第 158 条

第 3 款 国家媒体有义务支持不同群体之间的民主讨论，并促进基本人权、语言、国家体育和文化产品、国家统一、宽容和团结、和平与安全，以及反对一切形式的歧视。

尼日利亚

尼日利亚，国名全称为尼日利亚联邦共和国。尼日利亚位于西非东南部。面积约 923,768 平方公里。人口约 2.06 亿（2020 年）。有 250 多个民族，其中最大的是北部的豪萨—富拉尼族（约占全国人口的 29%）、西部的约鲁巴族（约占 21%）和东部的伊博族（约占 18%）。官方语言为英语。主要民族语言有豪萨语、约鲁巴语和伊博语。居民中 50% 信奉伊斯兰教，40% 信奉基督教，10% 信仰其他宗教。首都阿布贾。

新宪法于 1999 年 5 月 5 日颁布，同年 5 月 29 日奥巴桑乔总统执政之日起正式实施。后经 2011、2018 年修正。本书译文依据的是 2011 年宪法文本。

尼日利亚联邦共和国宪法

（1999 年 5 月 5 日颁布）

第二章　国家政策的根本目标和指导原则

第 15 条

第 2 款　相应地，应当积极鼓励民族融合，禁止基于出生地、性别、宗教、地位、民族、语言等因素的歧视。

第 3 款　各州均有责任促进民族融合：

第 3 项　鼓励不同地域、不同宗教、族群或语言的人通婚；以及

第 4 项　促进和鼓励跨越族群、语言、信仰和其他障碍的联合。

第四章　基本权利

第 35 条

第 3 款　任何被逮捕或拘留者应该在 24 小时内（以其通晓的语言）得到其被逮捕或拘留的事实和原因的书面通知。

第 36 条

第 6 款　被指控有罪的人有权：

第 1 项　及时以其通晓的语言被告知其详细罪行及性质。

第 5 项　如不理解庭审时所使用的语言，可在法庭审判过程中得到无偿的翻译服务。

第五章　立法机关

第一节　国民议会

第二小节　召集和解散国民议会的程序

第 55 条

国民议会的工作应以英语进行，若事先做了充足的安排，也可以豪萨语、伊博语、约鲁巴语进行。

第二节　各州的州议会

第二小节　召集程序和州议会的解散

第 97 条

州议会的事务应以英语进行，但议会也可以该议院的决议允许的除英语之外的一种或多种的在该州使用的其他语言作为补充进行。

第八章 阿布贾联邦首都直辖区及一般附则

第四节 解释、引用及生效

第318条

第1款 在本宪法中，除非另有明文规定或文意另有所指：

第38项 “毕业证书或同等学力”是指：

第3目 小学六年级毕业证书或同等学力；且：

（3）英语的阅读、写作、理解和沟通能力达到国家独立选举委员会的要求。

塞拉利昂

塞拉利昂，国名全称为塞拉利昂共和国。塞拉利昂位于非洲西部。面积约 71,740 平方公里。人口约 780 万（2019 年）。全国有 20 多个民族。南部的曼迪族最大，北部和中部的泰姆奈族次之，两者各占全国人口的 30% 左右；林姆巴族占 8.4%；由英、美移入的“自由”黑人后裔克里奥尔人占 10%。官方语言为英语，民族语言主要有曼迪语、泰姆奈语、林姆巴语和克里奥尔语。60% 的居民信奉伊斯兰教，30% 的居民信奉基督教，10% 信奉拜物教。首都弗里敦。

现行宪法于 1991 年 9 月 24 日由总统签署，1991 年 10 月 1 日生效实施。后历经 1997、2001、2008、2013 和 2016 年修正。本书译文依据的是 2013 年宪法文本。

塞拉利昂共和国宪法

（1991 年 9 月 24 日由总统签署）

第二章　国家政策的基本原则

第 6 条　政治目标

第 2 款　因此，国家应当促进民族的融合和团结，避免基于出生地、出生环境、性别、宗教、地位、族群、语言等的歧视。

第 9 条　教育目标

第 3 款　政府应当鼓励学习原住民语言，以及推广现代科学、外国语言、技术以及商业贸易的研究和应用。

第三章 基本人权和个人自由的承认与保护

第17条 不受任意逮捕和拘留的权利

第2款 任何人：

第1项 在被逮捕或拘留时，至迟不超过24小时，须以书面或以其理解的语言被告知逮捕或拘留的原因。

第23条 提供法律保护的规定

第5款 任何被指控的刑事犯罪者：

第1项 应当在被指控时，以其能通晓的语言被详尽告知所指控犯罪的性质。

第5项 如果其不理解法庭审理时所用的语言，须允许其获得免费的翻译服务。

第六章 立法机构

第一节 议会的组成

第75条 议员竞选资格

依本宪法第76条之规定，任何人如果：

第4项 具备相应程度的英语说读能力，足以积极参加议会的各项活动，有当选议会议员的资格。

第三节 议会程序

第90条 英语在议会的使用

议会事务应使用英语。

塞内加尔

塞内加尔，国名全称为塞内加尔共和国。塞内加尔位于非洲西部凸出部位的最西端。面积约196,722平方公里。人口约1,710万（2021年）。全国有20多个民族，主要是沃洛夫族（占全国人口的43%）、颇尔族（24%）和谢列尔族（15%）。官方语言为法语，全国80%的人通用沃洛夫语。95.4%的居民信奉伊斯兰教，4.2%信奉天主教，其余信奉拜物教。首都达喀尔。

现行宪法于2001年1月经全民公决通过并以2001年1月22日第2001-03号法律颁布。后历经2003、2006、2007、2008、2009、2012、2016、2018和2019年修正。本书译文依据的是2016年宪法文本。

塞内加尔共和国宪法

（2001年1月7日通过）

第一章　国家和主权

第1条

第2款　塞内加尔共和国的官方语言为法语。国家语言有迪奥拉语、马林克语、颇尔语、谢列尔语、索宁克语、沃洛夫语以及其他体系化的民族语言。

第 4 条

第 3 款 各政党和政党联盟享有同等权利参与竞选。它们必须遵守宪法以及国家主权原则和民主原则。禁止政党和政党联盟同化为某一种族、族群、性别、宗教、教派、语言或者地区。

第二章 公共自由和人的自由、经济社会权利和集体权利

教育

第 22 条

第 4 款 所有的国立、公共或者私立机构都有义务以一种民族语言教其成员识字，有义务参与国家扫盲运动。

第三章 共和国总统

第 28 条

共和国总统职务的任何候选人应当只具有塞内加尔国籍，享有公民权利和政治权利，在投票当日至少年满 35 岁且不超过 75 岁。共和国总统候选人应当能够流利地写、读和说官方语言。

塞舌尔

塞舌尔，国名全称为塞舌尔共和国。塞舌尔位于非洲东部的印度洋上，由 115 个大小岛屿组成。陆地面积约 455 平方公里，领海面积约 40 万平方公里，专属经济区面积约 140 万平方公里。人口约 9.89 万（2021 年）。居民主要为班图人、克里奥尔人（欧洲人和非洲人混血）、印巴人后裔、华裔和英法后裔等。官方语言为克里奥尔语、英语、法语。居民 90% 信奉天主教，4% 信奉伊斯兰教，其余信奉新教、印度教或其他宗教。首都维多利亚。

该国宪法于 1993 年 6 月 21 日由共和国总统颁布并实施。后历经 1994、1995、1996、2000、2011、2016、2017 和 2018 年修正。本书译文依据的是 2017 年宪法文本。

塞舌尔共和国宪法

（1993 年 6 月 21 日颁布）

第一章　共和国

第 4 条

第 1 款　塞舌尔的官方语言为克里奥尔语、英语和法语。

第 2 款　除第 1 款外，任何人可以出于任何目的而使用任一国家语言，但是法律可以出于任何特定目的而规定使用任何一种或多种国家语言。

第三章

第一节　塞舌尔基本人权和自由宪章

第 18 条

第 3 款　被逮捕或拘留者在其被逮捕或拘留时，或者在逮捕或拘留后，有权尽快且尽可能以其通晓的语言被告知其被逮捕或拘留的原因，该人有权保持沉默、有权选择律师为其提供辩护，被逮捕或拘留者若为未成年人，还有权与其父母或监护人取得联系。

第 19 条

第 2 款　任何受到指控的人：

第 2 项　应在被指控当时或之后尽快且尽可能以其通晓的语言就犯罪性质得到详细通知。

第 6 项　若其不理解庭审中所使用的语言，则应尽可能为其提供免费的翻译服务。

第三节　紧急状态和例外

第 43 条

第 4 款　如果本条第 2 款所谓的法律规定对于个人的拘留，则该条款应作出下列规定：

第 1 项　在拘留开始后应合理地尽早且至多 7 日，向被拘留者提供其被拘留所依据的原因的详细书面说明，如果可行，该书面说明应以被拘留者通晓的语言书写。

斯威士兰

斯威士兰，国名全称为斯威士兰王国。斯威士兰系非洲东南部内陆国家。面积约17,363平方公里。人口约115万（2019年）。其中斯威士族占90%，祖鲁族和通加族占6%，白人占2%，其余为欧非混血人种。官方语言为斯瓦蒂语和英语。居民约60%信奉基督教，30%信奉原始宗教，10%信奉伊斯兰教。首都姆巴巴内。

新宪法于2005年7月26日通过，2006年2月8日生效。后无修正。

斯威士兰王国宪法

（2005年7月26日通过）

序言

九、鉴于，本宪法草案由人民在廷克汉德拉[①]会议和斯伊巴亚会议[②]上审查，并以两种官方语言发布。

第一章　王国及其宪法

第3条　国歌、国旗和语言

第2款　斯威士兰的官方语言是斯瓦蒂语和英语。

---

① 廷克汉德拉（Tinkhundla）制度是1973年4月12日索布扎二世废除1968年宪法的结果，即斯威士兰的君主独裁。

② 斯伊巴亚（Sibaya）会议即斯威士兰国民议会。

第三章　保护并促进基本权利与自由

第 16 条　保护个人的自由权利

第 2 款　对于被逮捕或拘留者，应合理地尽快以其通晓的语言告知其被逮捕或拘留的原因，并允许其选择自己的律师。

第 21 条　获得公平审判的权利

第 2 款　被指控犯罪的人：

第 2 项　有权在合理情况下以其通晓的语言尽快充分地获知其犯罪的性质。

第 7 项　若其不理解审讯时使用的语言，经许可有权获得免费翻译帮助。

第 36 条　宣布紧急状态

第 8 款　基于任何权力机构的绝对自由裁量权，并基于本宪法第 38 条第 1 款提及任何法律的规定，以下规定适用于将某人羁押或限制的情形，即——

第 1 项　某人被羁押或被限制后，应在 72 小时内使用此人通晓的语言尽快将其被羁押或被限制的理由充分详细地以书面形式提供给此人。

第七章　立法机关

第三部分（二）　议会程序的规范

第 121 条　议会程序的规范

第 1 款　依照本宪法规定：

第 1 项　议会两院有权就下列事项制定议事规则：

第 4 目　在该院以一种或两种官方语言实施辩论或进行其他程序。

苏　丹

苏丹，国名全称为苏丹共和国。苏丹位于非洲东北部。面积约188万平方公里。人口约4,491万（2021年）。阿拉伯语为官方语言，通用英语。居民大多信奉伊斯兰教，属逊尼派。首都喀土穆。

2019年8月4日，过渡军事委员会和反对运动自由与变革力量联盟（FFC）正式签署临时宪法宣言，8月17日生效[①]。后经2020年修正。本书译文依据的是2019年宪法文本。

苏丹共和国临时宪法宣言

（2019年8月4日签署）

第十四章　权利与自由法案

第43条　国家的义务

国家承诺保护和加强本宪章所载的权利，并在不因种族、肤色、性别、语言、宗教、政治观点、社会地位或其他原因而受到歧视的情况下，保障所有人的权利。

第48条　法律面前人人平等

法律面前人人平等，有权享有法律保护，不受民族、肤色、性别、语言、宗教信仰、政治观点、种族或民族血统或任何其他原因的

① 信息来源：美国国会图书馆网站（www.loc.gov），检索日期：2022-07-22。

歧视。

第 66 条 民族和文化群体

各民族和文化群体均享有享受自己文化并自由发展的权利。这些群体的成员均有践行其信仰，使用其语言，遵守其宗教或习俗并在这种文化和习俗的框架内抚养子女的权利。

索马里

索马里，国名全称为索马里联邦共和国。索马里位于非洲大陆最东部的索马里半岛上。面积约637,657平方公里。人口约1,544万（2019年）。绝大多数是索马里族，又分萨马莱和萨布两大族系。其中萨马莱族系占全国人口的80%以上，分为达鲁德、哈维耶、伊萨克和迪尔四大部族。萨布族系分为迪吉尔和拉汉文两大部族。官方语言为索马里语，阿拉伯语是第二语言。通用英语和意大利语。伊斯兰教为国教，穆斯林约占总人口的99%。首都摩加迪沙。

2012年8月1日索马里全国制宪大会通过《索马里联邦共和国临时宪法》。后经2016年修正。本书译文依据的是2012年宪法文本。

索马里联邦共和国临时宪法

（2012年8月1日通过）

第一章　索马里联邦共和国宣言

第5条　官方语言

索马里联邦共和国的官方语言是索马里语，阿拉伯语是第二语言。

第二章　公民基本权利和义务

第二节　权利、自由及其限制

第31条　语言和文化

第 3 款 国家应保护少数民族的语言，促进其文化习俗的发展。

第 35 条 被告人权利

第 2 款 对于任何被捕或被拘留的人，应立即以其通晓的语言告知其被逮捕或拘留的理由。

第 10 款 若被告人不理解法庭所使用的语言，其有权获得翻译。

坦桑尼亚

坦桑尼亚，国名全称为坦桑尼亚联合共和国。坦桑尼亚位于非洲东部、赤道以南。面积约 94.5 万平方公里，其中桑给巴尔 2,657 平方公里。人口约 5,910 万（2018 年），其中桑给巴尔 130 万。分属 126 个民族，人口超过 100 万的有苏库马、尼亚姆维奇、查加、赫赫、马康迪和哈亚族。另有一些阿拉伯人、印巴人和欧洲人后裔。斯瓦希里语为国家语言，与英语同为官方通用语。坦噶尼喀（大陆）居民中 32% 信奉天主教和基督教，30% 信奉伊斯兰教，其余信奉原始拜物教；桑给巴尔居民几乎全部信奉伊斯兰教。首都多多马。

1977 年 4 月制定联合共和国宪法。后历经十余次修正，最新一次修正时间是 2005 年。本书译文依据的是 2005 年宪法文本。

坦桑尼亚联合共和国宪法

（1977 年 4 月制定）

第三章　联合共和国的立法机关

第二节　议员、选区与议员的选举

第一小节　国民议会议员

第 67 条　议会议员资格

第 1 款　符合本条的规定，任何人均有资格当选或被任命为议会议员：

第 1 项　年满 21 周岁可用斯瓦希里语或英语读写的本国公民。

突尼斯

突尼斯，国名全称为突尼斯共和国。突尼斯位于非洲北端。面积约16.2万平方公里。人口约1,190万（2021年），90%以上为阿拉伯人，其余为塔马奇格特人。阿拉伯语为国家语言，通用法语。伊斯兰教为国教，主要是逊尼派，少数人信奉天主教、犹太教。首都突尼斯市。

该国宪法于2014年1月27日由突尼斯国民议会批准，2月10日生效[①]。后无修正。

突尼斯共和国宪法

（2014年1月27日通过）

第一章　总纲

第1条

第1款　突尼斯是一个自由、独立、具有主权的国家，国教为伊斯兰教，国家语言为阿拉伯语，国家制度为共和制。

第二章　权利和自由

第39条

第2款　国家确保公民在各阶段接受免费公共教育的权利，并保

① 信息来源：美国国会图书馆网站（www.loc.gov），检索日期：2022-07-22。

证提供必要的资源，以实现高质量的教育、教学和培训；致力于巩固年轻一代的阿拉伯穆斯林特性和民族归属感，并加强、促进和推广阿拉伯语的使用，致力于对外传播国家语言、人类文明的开放和人权文化。

乌干达

乌干达，国名全称为乌干达共和国。乌干达是一个位于非洲东部、地跨赤道的内陆国家。面积约 241,550 平方公里。人口约 4,430 万（2021 年）。全国约有 65 个民族。按语言划分，有班图人、尼罗人、尼罗—闪米特人和苏丹人四大语言群体。每个语言群体由若干民族组成。班图语民族占总人口的 2/3 以上，包括巴干达（占总人口的 18%）、巴尼安科莱（占总人口的 16%）、巴基加和巴索加等 20 个民族。尼罗语民族包括兰吉、阿乔利等 5 个民族。尼罗—闪米特语民族包括伊泰索、卡拉莫琼等 7 个民族。苏丹语民族包括卢格巴拉、马迪等 4 个民族。官方语言为英语和斯瓦希里语，通用卢干达语等地方语言。居民主要信奉天主教（占总人口约 45%）、基督教新教（40%）、伊斯兰教（11%），其余信奉东正教和原始拜物教。首都坎帕拉。

新宪法于 1995 年 9 月 22 日由制宪议会通过，1995 年 10 月 8 日正式颁布实施。后历经 2005、2015 和 2017 年修正。本书译文依据 2017 年宪法文本。

乌干达共和国宪法

（1995年9月22日制宪议会通过）

序言

国家目标和国家政策的指导原则文化目标

文化目标

二十四、文化目标

发展符合基本权利和自由、人的尊严、民主和本宪法的文化和习俗的价值，并将其融入乌干达人民的生活。

国家应当——

（二）鼓励所有乌干达语言的发展、维护和丰富。

（三）促进聋哑人手语的发展；以及

（四）鼓励一种或者多种民族语言的发展。

第一章　宪法

第4条　公众宪法意识的提升

国家应当通过以下方式提升公众的宪法意识——

第1项　将宪法翻译成乌干达的语言和尽可能广泛地宣传。

第二章　共和国

第6条　官方语言

第1款　乌干达的官方语言是英语。

第2款　斯瓦希里语是乌干达第二官方语言并按照法律的规定使用。

第3款　除本条第1款外，其他任何语言均可作为教学语言在学校或其他教育机构使用，或按照法律规定为立法、行政或司法目的而使用。

第四章 基本权利、其他人权与自由的保护和促进

总则

第 23 条 个人自由权的保护

第 3 款 公民被逮捕、受到限制或拘留时，应当立即以其通晓的语言被告知被逮捕、受到限制或拘留的理由及其选择律师的权利。

第 28 条 获得公正审判的权利

第 3 款 被指控犯罪的人——

第 2 项 立即以其通晓的语言被告知被控犯罪的性质。

第 6 项 若其不理解审判使用的语言，则应当获得免费的翻译帮助。

第 37 条 文化权及相关权利

每个人都有权与他人在社区中参与、享受、实践、信奉、维护和促进任何文化、文化机构、语言、传统、信仰或宗教。

附件五 地方政府（第 178 条）

第 9 条 地方政府的职能和服务

地区政府负责的职能和服务如下：

第 8 项 推广当地语言、手工艺品和古物。

赞比亚

赞比亚，国名全称为赞比亚共和国。赞比亚是一个非洲中南部的内陆国家。面积约 752,614 平方公里。人口约 1,840 万（2020 年），大多属班图语系黑人。有 73 个民族，奔巴族为最大部族，约占全国人口的 33.6%。官方语言为英语，另有 31 种部族语言。80% 的人信奉基督教和天主教。首都卢萨卡。

现行宪法于 1991 年 8 月颁布。后历经 1996、2009 和 2016 年修正。本书译文依据的是 2016 年宪法文本。

赞比亚共和国宪法

（1991 年 8 月 24 日议会通过）

第三章　保护个人的基本权利与自由

第 13 条　人身自由权的保护

第 2 款　任何被逮捕或拘留的人，应在合理可行的范围内，尽快以其通晓的语言，告知其被逮捕或拘留的原因。

第 18 条　确保法律保护的规定

第 2 款　被指控犯罪的任何人：

第 2 项　应在合理可行的范围内，尽快以其通晓的语言告知其被指控的罪行性质。

第 6 项 若其不理解法院庭审使用的语言，可获得免费翻译服务。

第 26 条 有关限制和拘留的规定

第 1 款 根据第 22 条和第 25 条中涉及的法律授权，如果一个人的迁徙自由受到限制或一个人被拘留，应适用下列规定：

第 1 项 在合理可行的情形下，应在不超过作出拘留或限制通知后 14 日内，通过当事人可以理解的书面语言详细告知其被限制或拘留的原因。

第五章 议员

政党

第 60 条 政党

第 3 款 政党不得——

第 1 项 建立在宗教、语言、种族、民族、部落、性别、部门或省份的基础上，或根据这些因素进行宣传。

第七章 行政机关

总统选举

第 100 条 总统选举资格和取消资格

第 1 款 如果具备下列条件，则有资格被提名为总统候选人：

第 6 项 流利地使用官方语言。

第二十章 总则

第 258 条 官方语言和地方语言的使用和地位

第 1 款 赞比亚的官方语言为英语。

第 2 款 除英语外，另一官方语言可按规定作为教育机构的教学语言，或用于立法、行政或司法的目的。

第3款 国家应尊重、促进和保护赞比亚人民的语言多样性。

第266条 定义

在本宪法中，除非在语境下另有要求外：

第24项 “歧视”指根据一个人的出生、种族、性别、出身、肤色、年龄、残障、宗教、良心、信仰、文化、语言、部落、怀孕、健康或婚姻、民族、社会或经济地位，直接或间接地对其区别对待。

第267条 宪法解释

第2款 如果本宪法的英语版本与其他语言版本之间存在冲突，应以英语版本为准。

乍 得

乍得，国名全称为乍得共和国。乍得位于非洲中部。面积约 128.4 万平方公里。人口约 1,642 万（2020 年）。全国共有民族 256 个。北部、中部和东部居民主要是阿拉伯血统的塔马奇格特族、瓦达伊族、图布族、巴吉尔米族等，约占全国人口的 45%；南部和西南部的居民主要为萨拉族、马萨族、科托科族、蒙当族等，约占全国人口的 55%。官方语言为法语和阿拉伯语。南方居民通用苏丹语系的萨拉语，北方通用乍得化的阿拉伯语。居民中 58% 信奉伊斯兰教，18% 信奉天主教，16% 信奉基督教新教，4% 信奉原始宗教，其余信奉其他宗教或不信教。首都恩贾梅纳。

现行宪法于 2018 年 5 月 4 日颁布[①]。2021 年宪法中止。本书译文依据的是 2018 年宪法文本。

乍得共和国宪法

（2018 年 5 月 4 日颁布）

第一章　国家和主权

第 9 条

第 1 款　官方语言为法语和阿拉伯语。

第 2 款　法律规定促进和发展国家语言的条件[②]。

---

① 世界劳工组织官方网站（www.ilo.org），检索日期：2022-07-22。

② 原文是“The law establishes the conditions of promotion and of development of the national languages”，按照上下文的意思，指的是国家的所有的民族语言。

中　非

中非，国名全称为中非共和国。中非位于非洲大陆中部。面积约62.3万平方公里。人口约483万（2020年）。全国共有60多个民族，主要有巴雅、班达、班图、桑戈等，其中巴雅族人数最多，班达族分布最广。官方语言为桑戈语、法语。居民约50%信奉基督教，约15%信奉伊斯兰教，其余信奉原始宗教。首都班吉。

2015年12月15日，中非举行新宪法全民公投并通过，2016年3月27日生效[①]。后无修正。

中非共和国宪法

（2015年12月15日通过）

序言

中非人民：

（一）以国家统一、语言统一、种族文化宗教之多样性对个性的完善。

第二章　国家和主权

第24条

第5款　民族语言为桑戈语。

① 此生效时间有多个版本，本文信息来源于中非百科知识。

第 6 款 官方语言为桑戈语和法语。

第 31 条

第 3 款 政党和政治团体不得宣称为了某一种族、民族、性别、宗教、教派、语言、地域或武装团体服务。

第三章 行政权

第一节 共和国总统

第 38 条

总统就职时，应站立、脱帽、左手置于《宪法》之上、右手举起，面对宪法法院成员，先后用桑戈语和法语庄严宣读誓词。

第四章 立法权

第三节 议会权力

第 80 条

以下是法律的主要部分：

第 1 项 法律规定以下事项：

第 18 目 有关桑戈语的逐步推广和实施计划。

欧洲

阿尔巴尼亚

阿尔巴尼亚，国名全称为阿尔巴尼亚共和国。阿尔巴尼亚位于东南欧巴尔干半岛西部。面积约 2.87 万平方公里。人口约 279 万（2022 年 1 月），其中阿尔巴尼亚族占 98%。少数民族主要有希腊族、罗马尼亚族、马其顿族、罗姆族等。官方语言为阿尔巴尼亚语。56.7% 的居民信奉伊斯兰教，6.6% 信奉东正教，10.1% 信奉天主教。首都地拉那。

1998 年 10 月 21 日阿尔巴尼亚议会通过现行宪法，同年 11 月 28 日颁布。后历经 2007、2008、2012、2015、2016 和 2020 年修正。本书译文依据的是 2016 年宪法文本。

阿尔巴尼亚共和国宪法

（1998 年 10 月 21 日通过）

第一章　基本原则

第 14 条

第 1 款　阿尔巴尼亚共和国的官方语言是阿尔巴尼亚语。

第二章　基本人权与自由

第一节　一般原则

第 18 条

第 2 款　任何人不得不公正地由于如性别、种族、民族、语言、政治、宗教或哲学信仰、经济状况、教育、社会地位或血统等原因受到歧视。

第 20 条

第 2 款 他们有权自由地表达其种族、文化、宗教和语言特色、不受禁止或强迫并有权保持和发展这些特色，以其母语进行学习和接受教育，并为保护其利益和特性而成立各种组织和社团。

第二节 个人权利和自由

第 28 条

第 1 款 每一个被剥夺自由的人，有权被立即以其通晓的语言告知采取这一措施的原因及对其的指控。被剥夺自由的人应当被告知，其没有义务说明事实并有权立即与律师沟通，且应当给予其实现权利的机会。

第 31 条

在刑事诉讼中，每个人都有权利：

第 3 项 当其不说或不通晓阿尔巴尼亚语时，获得免费翻译的帮助。

第五节 社会目标

第 59 条

第 1 款 国家在其宪法权及由其支配的各种措施之内对私人的自主和责任予以辅助，其目标为：

第 10 项 保护民族文化遗产并特别保护阿尔巴尼亚的语言。

附件 过渡资格评估

第 3 条 议会和上诉法院的一般规定

第 15 款 委员会、上诉庭和公共专员的官方语言应是阿尔巴尼亚语和英语。两个机构为此目的聘用笔译员和口译员。

爱尔兰

爱尔兰，位于欧洲西部的爱尔兰岛中南部。面积约 7 万平方公里。人口约 501 万（2021 年）。绝大部分为爱尔兰人。官方语言为爱尔兰语和英语。天主教徒占 74.6%，其余主要信奉基督教新教。首都都柏林。

现行宪法于 1937 年 6 月 14 日经议会通过，同年 12 月 29 日生效。后历经二十余次修正，最新一次修正时间是 2019 年。本书译文依据的是 2013 年宪法文本。

爱尔兰宪法

（1937 年 7 月 1 日通过）

第二章　国家

第 8 条

第 1 款　爱尔兰语是国家语言，也是第一官方语言。

第 2 款　英语被承认作为第二官方语言。

第 3 款　法律亦可规定，为某一或某些官方目的，在全国或任一部分，可单独使用上述任何一种官方语言。

第四章 国民议会

参议院

第 18 条

第 7（1）款

参议院议员从各候选人团体中选出，在每次大选之前，应依法律规定的方式组成 5 个候选人团体，分别为下列各领域和部门中具有学识和实践经验的人士：

第 1 项 民族语言与文化、文学、艺术、教育以及基于团体的目标而由法律确定的此类专业领域。

法律的签署与颁布

第 25 条

第 4（3）款 每一个法案应由总统在已经由议会两院通过或被视为已经议会两院通过的文本上签署。若该法案使用两种官方语言，总统应签署每一种官方语言的文本。

第 4（4）款 当总统签署仅用一种官方语言签署法案文本时，应发布另一种官方语言的正式译文。

第 4（5）款 法案经签署并颁布为法律之后应由总统用每一种官方语言签署该法律文本，这两份被签署的文本均应送交最高法院登记处予以备案留存。经过备案的文本或两种文本即成为该法律条款的确定性证据。

第 4（6）款 若依本款规定经由两种官方语言登记的法律文本发生冲突，应以国家语言文本为准。

第 5（1）款 总理认为必要时，在其监督下制作的当时生效的本宪法文本（用两种官方语言），以及包括当时其所有修正案，均为合法。

第 5（4）款 若依本款规定备案的本宪法的任何副本之间发生冲突，应以国家语言文本为准。

爱沙尼亚

爱沙尼亚，国名全称为爱沙尼亚共和国。爱沙尼亚位于波罗的海东岸。面积约45,339平方公里。人口约133万（2022年1月）。主要民族有爱沙尼亚族、俄罗斯族、乌克兰族和白俄罗斯族。官方语言为爱沙尼亚语。英语、俄语亦被广泛使用。主要信奉基督教路德宗、东正教和天主教。首都塔林。

现行宪法于1992年6月28日通过，同年7月3日生效。后历经2003、2007、2011和2015年修正。本书译文依据的是2015年宪法文本。

爱沙尼亚共和国宪法

（1992年6月28日通过）

序言

爱沙尼亚共和国是爱沙尼亚人民根据永恒的国家自治权建立起来的：

（四）爱沙尼亚共和国的使命是保证爱沙尼亚民族、爱沙尼亚语言和爱沙尼亚文化世代相传。

第一章　总则

第6条

爱沙尼亚语是爱沙尼亚的官方语言。

第二章 基本权利、自由和义务

第 12 条

第 1 款 法律面前人人平等。任何人均不得因其民族、种族、肤色、性别、语言、出身、宗教、政治及其他见解、财产状况或社会地位，或者因其他情况而受到歧视。

第 21 条

第 1 款 应当立即用被剥夺自由的人通晓的语言和方式，将其被剥夺自由的原因以及他的权利告知每个被剥夺自由的人。

第 2 款 未经法院作出相应的许可，任何人均不得被羁押 48 小时以上。应当立即用被逮捕者理解的语言和方式，将法院的决定告知被逮捕者。

第 37 条

第 4 款 每个人都有使用爱沙尼亚语学习的权利。少数民族教育机构中使用的教学语言，由学校决定。

第 51 条

第 1 款 每个人都有用爱沙尼亚语致函国家机关、地方自治机关及其公职人员，并获得用爱沙尼亚语答复的权利。

第 2 款 在半数以上的永久性居民属于少数民族的地区，每个人都有获得国家机关、地方自治机关及其公职人员用该少数民族语言答复的权利。

第 52 条

第 1 款 国家机关和地方自治机关的公文处理，均使用爱沙尼亚语。

第 2 款 在爱沙尼亚语不是大多数居民所使用语言的地区，地方自治机关可以按照法律规定的范围和程序，使用该地区大多数永久性居民的语言作为内部公文处理的语言。

第 3 款 外国语言，其中包括少数民族语言在国家机关、诉讼程序及在审判前程序中的使用，由法律予以规定。

安道尔

安道尔，国名全称为安道尔公国。安道尔位于西南欧。面积约468平方公里。人口约79,877人（2022年），其中安道尔人占48.7%，属加泰罗尼亚族。外国移民中西班牙人占24.6%，其次为葡萄牙人（11.6%）和法国人（4.4%）。官方语言为加泰罗尼亚语，通用西班牙语、法语和葡萄牙语。居民多信奉天主教。首都安道尔城。

现行宪法于1993年2月2日经议会通过。同年3月14日安道尔全民公决通过，同年4月28日安道尔两大公[①]批准生效。后无修正。

安道尔公国宪法

（1993年2月2日通过）

第一编　安道尔的主权

第2条

第1款　国家的官方语言为加泰罗尼亚语。

① 安道尔两大公是指“两位安道尔公国的最高权力掌握者”，分别是法国总统和西班牙地方主教。

奥地利

奥地利，国名全称为奥地利共和国。奥地利是一个位于中欧南部的内陆国家。面积约83,879平方公里。人口约902万（2022年4月）。官方语言为德语。首都维也纳。

奥地利现行宪法于1920年10月1日由奥地利共和国制宪国民议会通过，1920年10月5日以国家法律公报第450号予以公布，1920年11月10日以联邦法律公报第1号予以重申，1920年11月10日生效。后历经五十余次修正，最新一次修正时间是2021年。[①] 本书译文依据的是2013年宪法文本。

奥地利联邦宪法

（1920年10月通过）

第一章　总则和欧盟

第一节　总则

第8条

第1款　德语是共和国的官方语言，但不得以此损害联邦法律所赋予的语言少数群体的权利。

第2款　共和国（联邦，各州和各市镇）承认在原住民族群体中

① 信息来源：奥地利联邦法律公报（www.ris.bka.gv.at），检索日期：2022-10-3。

形成和体现的语言和文化的多样性。这些群体的语言和文化、存在和维护应当受到尊重、保护和支持。

第3款　奥地利手语是独立的语言。有关细节由法律予以规定。

第14条

第6款　公立学校应向所有人开放，不受出身、性别、种族、身份、阶级、语言及宗教的限制，其他方面的限制必须依据法律的规定。本规定同样适用于幼儿园、儿童之家和学生宿舍。

第二章　联邦立法机关

第四节　联邦立法程序

第49条

第2款　依据第50条第1款规定批准的国家条约，应由联邦总理在联邦法律公报上予以公布。如果根据本宪法第50条第1款第1项通过的国际条约存在两种以上语言的权威文本时，必则其公布应当满足以下条件：

第1项　公布两种语言的权威文本以及一个德语文本。

第2项　如果权威文本使用了德语，则应公布该德语文本以及另一种其他语言的权威文本。

第五节　国民议院和联邦议院对联邦行政的参与

第50条

第2款　本条第1款第1项所述的国家条约，还应适用下列规定：

第3项　根据本宪法第1款通过的国际条约存在两种以上语言的权威文本时：

第1目　公布两种语言的权威文本以及一个德语文本。

第2目　如果权威文本使用了德语，则应公布该德语文本以及另一种其他语言的权威文本。

白俄罗斯

白俄罗斯，国名全称为白俄罗斯共和国。白俄罗斯位于东欧平原西部。面积约 20.76 万平方公里。人口约 925.5 万（2022 年 1 月）。有 100 多个民族，其中白俄罗斯族占 84.9%，俄罗斯族占 7.5%，波兰族占 3.1%，乌克兰族占 1.7%，犹太族占 0.1%，其他民族占 2.7%。白俄罗斯语和俄语为官方语言。主要信奉东正教（70% 以上），西北部一些地区信奉天主教及东正教与天主教的合并教派。首都明斯克。

1994 年 3 月 15 日，以卢卡申科总统为首的制宪委员会通过了后苏联时期的宪法。1994 年 3 月 20 日，白俄罗斯新宪法正式生效。后经 1996 年和 2004 年修正。本书译文依据的是 2004 年宪法文本。

白俄罗斯共和国宪法

（1994 年 3 月 15 日通过）

第一编　宪政制度的原则

第 17 条

白俄罗斯语和俄语为白俄罗斯共和国的官方语言。

第二编　个人、社会和国家

第 50 条

第 3 款　每个人有使用民族语言、选择交际语言的权利。国家依照法律规定保障选择教学语言的自由。

保加利亚

保加利亚，国名全称为保加利亚共和国。保加利亚位于东南欧、巴尔干半岛东部。面积约11.1万平方公里。人口约683万（2021年）。保加利亚族占84%，土耳其族占9%，罗姆族占5%，马其顿族、亚美尼亚族等占2%。保加利亚语为官方语言，土耳其语为主要少数民族语言。居民中85%信奉东正教，13%信奉伊斯兰教，其他信奉天主教和新教等。首都索非亚。

现行宪法于1991年7月12日国民议会通过，1991年7月13日公布后生效。后历经2003、2005、2006、2007和2015年修正。本书译文依据的是2015年宪法文本。

保加利亚共和国宪法

（1991年7月12日通过）

第一章　基本原则

第3条

保加利亚语是保加利亚共和国的官方语言。

第二章　公民的基本权利和义务

第36条

第1款　学习和使用保加利亚语是所有保加利亚公民的权利和

义务。

第 2 款 母语不是保加利亚语的公民有权在必须学习保加利亚语的同时，学习和使用他们自己的语言。

第 3 款 只应使用官方语言的场合由法律规定。

北马其顿

北马其顿，国名全称为北马其顿共和国。北马其顿位于欧洲巴尔干半岛中部。面积约 2.57 万平方公里。人口约 209.7 万（2022 年）。主要民族为马其顿族（54.21%）、阿尔巴尼亚族（29.52%）、土耳其族（3.98%）、罗姆族（2.34%）和塞尔维亚族（1.18%）。官方语言为马其顿语。居民多信奉东正教，少数信奉伊斯兰教。首都斯科普里。

1991 年 11 月 17 日，马其顿通过新宪法，1991 年 11 月 20 日生效。后历经 1992、1998、2001、2003、2005、2009、2011 和 2019 年修正。2019 年 1 月，马其顿议会修宪，主要内容为将国名“马其顿共和国”更改为“北马其顿共和国”。本书译文依据的是 2019 年宪法文本[①]。

北马其顿共和国宪法[②]

（1991 年 11 月 17 日通过）

第一章　基本条款

第 7 条

用西里尔字母书写的马其顿语是马其顿共和国的官方语言。在一

① 信息来源：北马其顿共和国议会官方网站（www.sobranie.mk），检索时间：2022-10-3。

② 原文对标题和正文中国名的表述方式不同，标题使用“北马其顿”（North Macedonia），正文和落款都使用“马其顿”（Macedonia），本文遵从原文的表述进行翻译。

个地方自治单位内，如果大部分居民属于一个民族，则除马其顿语和西里尔字母外，他们的语言和文字也可以依法律规定的方式作为官方用语使用。在一个地方自治单位内，如果有相当数量的居民属于一个民族，则除马其顿语和西里尔字母外，他们的语言和文字也可以依法律规定的条件和方式作为官方用语使用。

第二章　个人和公民的基本自由和权利

第二节　经济的、社会的和文化的权利

第 48 条

各民族成员有权自由表现、促进和发展其个性和民族特性。国家保护各民族的种族、文化、语言和宗教的特性。各民族成员有权为表现、促进和发展其特性而建立文化和艺术机构及其学术和其他团体。各民族成员有权根据法律规定在初等和中等教育中运用其民族语言讲授课程。在用本民族语言进行教育的学校中，也要学习马其顿语。

第三节　基本自由和权利的保障

第 54 条

个人和公民的自由和权利只有在宪法规定的情形下方得加以限制。在战争或紧急状态期间，个人和公民的自由和权利可根据宪法的规定加以限制。限制自由和权利时，不能根据性别、种族、肤色、语言、宗教、民族或社会出身、财产或社会地位区别对待。对自由和权利的限制不适用于生命权，以及禁止酷刑、残忍和侮辱性地对待和惩罚，以及惩罚违法和犯罪行为的法律决定，以及宗教信仰、良心和思想自由。

第十章　共和国宪法修正案

第五修正案

第1条

用西里尔字母书写的马其顿语是共和国全国和对外交往中的官方语言。

任何其他被20%以上的居民使用的语言，也可作为官方语言，须以其文字书写。任何官方的涉及使用除马其顿语之外其他语言的公民的文件，都应依法以该语言和马其顿语发布。任何人，生活在某个至少1/5的居民以非马其顿为官方语言的地方自治单位中，可以运用该语言与中央政府负责该自治区事务的机构交流；该机构应同时以该语言和马其顿语答复。任何人须运用任何官方语言与中央政府的主要机构交流，后者应同时以该语言和马其顿语答复。

在马其顿共和国的各机构中，除马其顿语之外的其他语言均应依法使用。在有1/5以上人口使用一种特殊语言的地方自治单位中，该语言及其文字应当被作为除马其顿语及西里尔字母之外的官方语言和文字。至于地方自治单位中不到1/5居民使用的语言，则由地方当局决定其在公共机构中的使用问题。

第2条

本修正案第1条取代宪法第7条。

第八修正案

第1条

共同体成员有权自由地表现、促进和发展其个性和共和国特性，并运用自己的共同体象征。国家保护各共同体的种族、文化、语言和宗教的特性。各共同体成员有权为表现、促进和发展其特性而建立文化、艺术、科学和教育机构，学术和其他团体。各共同体成员有权根据法律规定在初等和中等教育中运用其民族语言讲授课程。在用本民族语言进行教育的学校中，也要学习马其顿语。

第2条

本修正案第1条取代宪法第48条。

第十修正案

第2条

对于直接影响文化、语言运用、教育、私人文件、国家象征的使用等事项的法律，议会得以出席会议的议员的多数票作出决议，在此多数票中又必须有多数选票是来自于非多数民族的共同体。在议会中出现涉及本条之适用的争议时，由社区间关系委员会解决。

比利时

比利时，国名全称为比利时王国。比利时位于西欧。陆地面积约30,688平方公里，领海及专属经济区3,454平方公里。人口约1,152万（2021年1月）。官方语言为荷兰语、法语和德语。80%的居民信奉天主教，20%信奉基督教或有其他信仰。首都布鲁塞尔。

1994年2月17日，比利时官方公报公布了众、参两院通过的体制改革后的新宪法。后历经十余次修正，最新一次修正时间是2021年。本书译文依据的是2014年宪法文本。

比利时王国宪法

（1994年1月20日众议院通过，1994年2月3日参议院通过）

第一编　比利时联邦、其组成部分和领土

第4条

第1款　比利时包括四个语言区：荷兰语区、法语区、布鲁塞尔—首都双语区和德语区。

第2款　比利时王国的每一市镇都属于上述4个语区之一。

第3款　只能通过法律改变或调整4个语区的边界。在议会两院每一语言组的多数成员出席，且在两个语言组所投的所有赞成票的票数超过该两组总票数的2/3的情况下，由议会两院每一语言组以绝对

多数投票通过该法律。

第二编　比利时人及其权利

第 30 条

比利时人可自由地选择和使用本国语言。只有涉及公权力行为和法律事务时，才须按照法律要求对其语言使用进行管理。

第八编　宪法的修改

过渡性规定[①]

第 1 款

第 10 项　第三编第六章，增加一个条款，以规定修改关于布鲁塞尔行政区司法方面语言使用的改革内容，以及规定只有以第 4 条第 3 款规定的多数通过的法律方可规定属于关于检察、法官和救济方面的内容。

① 针对第 195 条的过渡性规定。

波　黑

波黑，国名全称为波斯尼亚和黑塞哥维那。波黑位于巴尔干半岛中西部。面积约 5.12 万平方公里。人口约 353 万（2016 年）。主要民族为：波斯尼亚族，约占总人口的 50.1%；塞尔维亚族，约占总人口的 30.8%；克罗地亚族，约占总人口的 15.4%。官方语言为波斯尼亚语、塞尔维亚语和克罗地亚语。这三个民族分别信奉伊斯兰教、东正教和天主教。首都萨拉热窝。

1995 年 11 月，代顿协议为波黑制定新宪法，1995 年 12 月 14 日生效。后经 2009 年修正。本书译文依据的是 2009 年宪法文本。

波斯尼亚和黑塞哥维那宪法[①]

（1995 年 11 月代顿协议制定）

第一条　波斯尼亚和黑塞哥维那共和国

第 7 款　国籍

波斯尼亚和黑塞哥维那的国籍由议会管理，每个实体的国籍由各个实体管理：

---

① 此文格式有点特殊。但是参考了《世界各国宪法欧洲卷》（检察出版社，2012 年）并且本着翻译格式按照英语文本译出的原则（“条”英语原文是 article），特此加上款和目。

第2目　不得随意剥夺波斯尼亚和黑塞哥维那或其实体的公民的国籍，或者使他或她成为无国籍人。不得根据性别、种族、肤色、语言、宗教、政治或其他见解、民族或社会出身、少数民族身份、财产、血统或其他情形剥夺其波斯尼亚和黑塞哥维那或者实体的公民的国籍。

第二条　人权和基本自由

第4款　不歧视

依据本条或者本宪法附件1所列的国际条约所享有的权利和自由，在波斯尼亚和黑塞哥维那，无论性别、种族、肤色、语言、宗教、政治或其他见解、民族或社会出身、少数民族身份、财产、血统或其他情形，一律无歧视地受到保护。

波　兰

波兰，国名全称为波兰共和国。波兰位于欧洲中部。面积约32.26万平方公里。人口约3,803万（2022年3月）。其中波兰族约占97.1%（2016年），此外还有德意志、白俄罗斯、乌克兰、俄罗斯、立陶宛、犹太等少数民族。官方语言为波兰语。全国约87%的居民信奉罗马天主教。首都华沙。

1997年4月2日，波兰国民大会通过新宪法，1997年5月25日波兰全民公投批准，1997年7月16日总统签署，1997年10月17日生效。后经2006和2009年修正。本书译文依据的是2009年宪法文本。

波兰共和国宪法

（1997年4月2日通过）

第一章　波兰共和国

第27条

波兰语是波兰共和国的官方语言。这一规定不得损害源自已批准的国际协议中涉及的少数民族权利。

第二章　人和公民的自由、权利和义务

总则

第35条

第1款　波兰共和国保证少数民族的波兰公民享有保持和发展其自身语言、保持风俗和传统以及发展其自身文化的自由。

第十一章　特别措施

第233条

第2款　不得以种族、性别、语言、有无宗教信仰、社会出身、血统或财产为由对人和公民的自由和权利进行限制。

德　国

德国，国名全称为德意志联邦共和国。德国位于欧洲中部。面积约 35.8 万平方公里。人口约 8,427 万。主要是德意志人，还有丹麦人和索布族人等。德语为通用语言，也是该国的官方语言。居民中约 29.9% 的人信奉基督教新教，约 30.7% 的人信奉罗马天主教。首都柏林。

1949 年 5 月由国会颁布《德意志联邦共和国基本法》并生效，后历经三十余次修正，最新一次修正时间是 2020 年[①]。本书译文依据的是 2014 年宪法文本。

德意志联邦共和国基本法

（1949 年 5 月 23 日颁布）

第一章　基本权利

第 3 条　法律面前的平等

第 3 款　任何人不得因性别、血统、种族、语言、出生地和出身、信仰、宗教或政治观点而受歧视或优待。任何人不得因残障而受到歧视。

---

① 信息来源：德国联邦司法部官方网站（www.gesetze-im-internet.de），检索时间：2022-10-3。

俄罗斯

俄罗斯，又称俄罗斯联邦，俄罗斯横跨欧亚大陆。面积约1,709.82万平方公里。人口约1.46亿人。民族194个，其中俄罗斯族占77.7%，主要少数民族有鞑靼、乌克兰、巴什基尔、楚瓦什、车臣、亚美尼亚、阿瓦尔、摩尔多瓦、哈萨克、阿塞拜疆、白俄罗斯等族。俄语是俄罗斯联邦全境内的国家语言，各共和国有权规定自己的国语，并在该共和国境内与俄语一起使用。主要宗教为东正教，其次为伊斯兰教。首都莫斯科。

1993年12月12日，俄罗斯以全民公决形式通过了《俄罗斯联邦宪法》，同年12月25日正式生效。该宪法是俄罗斯独立后的第一部宪法。后历经1996、2001、2008、2014和2020年修正。本书译文依据的是2014年的宪法文本。

俄罗斯联邦宪法

（1993年12月12日通过）

第一编

第二章　人和公民的权利与自由

第19条

第2款　国家保障人和公民不论性别、种族、民族、语言、出身、财产和职业状况、居住地、宗教态度、信仰、所属的社会联合组织以及其他情况，权利与自由一律平等。禁止因公民的社会、种族、民族、语言或宗教属性，对其权利作出任何形式的限制。

第26条

第2款 每个人都有使用其母语的权利，有自由选择交际语言、抚养子女的语言、教育语言和创作语言的权利。

第29条

第2款 禁止从事有可能挑起社会、种族、民族或宗教的仇恨和敌视的宣传与鼓动。禁止宣传某种社会、种族、民族、宗教或语言的优越论。

第三章 联邦结构

第68条

第1款 在俄罗斯联邦的全境内，俄语是俄罗斯联邦的国家语言。

第2款 共和国有权确立自己的国家语言。共和国的国家权力机关、地方自治机关和国家机构在使用俄罗斯联邦国家语言的同时，可以使用共和国的国家语言。

第3款 俄罗斯联邦保障俄罗斯联邦各族人民有保留本民族语言、创造条件以研究和发展本民族语言的权利。

法　国

法国，国名全称为法兰西共和国。法国位于欧洲西部。面积约 55 万平方公里（不含海外领地）。人口约 6,563 万（2022 年 1 月，不含海外领地）。居民中 64% 信奉天主教。官方语言为法语。首都巴黎。

现行第五共和国宪法于 1958 年 9 月 28 日经公民投票通过，1958 年 10 月 5 日公布生效。后历经十余次修正，最新一次修正时间是 2008 年。本书译文依据的是 2008 年的宪法文本。

法兰西共和国宪法

（1958 年 9 月 28 日通过）

第一章　主权

第 2 条

第 1 款　共和国的语言[①]是法语。

第十二章　地方公共团体

第 75-1 条

地方语言属于法国的文化遗产。

---

① 根据英语文本，此处原文为“The language of the Republic shall be French”（法语版也有相同意义的表述）。根据上下文的含义和法国的语言实践，法语的地位相当于官方语言或国家语言。

芬　兰

芬兰，国名全称为芬兰共和国。芬兰位于欧洲北部。面积约 33.8 万平方公里。人口约 554.9 万（2022 年 4 月）。芬兰族约占 86.9%，瑞典族人约占 5.2%，其余为萨米族人等。芬兰语和瑞典语均为官方语言。67.8% 的居民信奉基督教路德宗，1.1% 信奉东正教。首都赫尔辛基。

芬兰于 1919 年 7 月 17 日颁布《政府组织法》。1999 年 6 月 11 日，芬兰议会通过了新宪法名称由《政府组织法》改为《宪法》，2000 年 3 月 1 日生效。后历经 2007、2011 和 2018 年修正。本书译文依据的是 2011 年宪法文本。

芬兰共和国宪法

（1999 年 6 月 11 日通过）

第二章　基本权利与自由

第 6 条　平等原则

第 2 款　无正当理由，任何人不得因性别、年龄、出身、语言、宗教、信仰、观点、健康、残障或其他与人格相关的理由受到不平等待遇。

第 17 条　语言和文化权

第 1 款　芬兰的官方语言为芬兰语和瑞典语。

第 2 款　法律保护人人有权在法院或其他政府机构的事务中使用母语——芬兰语或瑞典语并获得其母语文本的文件。政府应根据平等原则关注芬兰语群体和瑞典语群体公民的文化和社会需求。

第 3 款　萨米人作为芬兰原住民，同罗姆人和其他群体一样，有权保留和发展本民族语言和文化。萨米人在政府机构使用萨米语的权利，由法律另行规定。使用手语或因身体残障需要提供翻译帮助者的权利受法律保护。

第四章　议会工作

第 51 条　议会工作语言

第 1 款　议会使用芬兰语或瑞典语作为工作语言。

第 2 款　内阁或其他有关部门必须同时以芬兰语和瑞典语呈送议会审议所需文件。议会的回复和函件、专门委员会的报告和意见以及议长委员会的书面建议均应同时使用芬兰语和瑞典语。

第十一章　行政和自治

第 121 条　自治市和其他地方自治

第 3 款　市以上行政区域的自治权由法律规定。萨米人依法在其聚居区享有语言和文化上的自治权。

第 122 条　行政区划

第 1 款　行政区域的划分，应确保芬兰语和瑞典语居民都能依据同等原则获得使用各自语言的社会服务。

黑　山

黑山，位于欧洲巴尔干半岛中西部。面积约 1.39 万平方公里。人口约 62.2 万（2022 年 6 月）。黑山族占 45%、塞尔维亚族占 29%，波斯尼亚族占 8.6%，阿尔巴尼亚族占 4.9%。官方语言为黑山语。主要宗教为东正教。首都波德戈里察。

黑山独立后的首部宪法于 2007 年 10 月 19 日经议会审议通过，2007 年 10 月 22 日颁布并生效。后经 2013 年修正。本书译文依据的是 2013 年宪法文本。

黑山宪法

（2007 年 10 月 19 日通过）

第一部分　基本条款

第 13 条　语言和字母

第 1 款　黑山语为黑山的官方语言。

第 2 款　西里尔字母和拉丁字母是平等的。

第 3 款　塞尔维亚语、波斯尼亚语、阿尔巴尼亚语和克罗地亚语也应由官方使用。

第二部分　人权与自由

1. 共同条款

第25条　对权利和自由的暂时限制

第2款　限制不应以性别、国籍、种族、宗教、语言、民族或社会来源、政治或者其他信仰、经济基础或者任何其他个人特质为基础作出。

2. 个人权利和自由

第29条　对自由的剥夺

第3款　被剥夺自由的人应立即以其自己的语言或者以他/她通晓的语言被通告其被逮捕的原因。

第37条　辩护权

每个人的辩护权均应受保障，特别是以他/她通晓的语言告知对其的相关指控；有足够的时间准备辩护以及亲自辩护或者通过他/她自己选择的辩护律师辩护。

第44条　避难的权利

第1款　一名外国人由于他/她的种族、语言、宗教或者与一个民族或者团体的联系或者由于自身的政治信仰而有理由担心受到迫害的，可以要求在黑山避难。

第2款　一名外国人不应从黑山被驱逐到那些由于其种族、宗教、语言或者与一个民族的联系而受到死刑、酷刑、不人道的侮辱、迫害或者严重侵犯本宪法所保障权利的威胁的地方。

5. 特殊的——少数人的权利

第79条　同一性的保护

属于少数民族和其他少数民族群体的人单独或与他人共同行使的

如下权利和自由应得到保障：

第 3 项　私下、公开和正式使用他们自己的语言和字母的权利。

第 4 项　在公共机构中以他们自己的语言和字母接受教育的权利以及将属于少数民族和其他少数民族群体的个人的历史和文化纳入课程之中的权利。

第 5 项　在那些少数民族或者少数民族群体在全部人口中占有重要份额的地区，拥有地方自治机构的权利，要求国家和法院机构以少数民族或者少数民族群体的语言开展活动的权利。

第 7 项　在官方文件中以他们自己的语言和字母书写和使用他们自己的姓名的权利。

第 8 项　在那些少数民族或者少数民族群体在全部人口中占有重要份额的地区，拥有使用少数民族和其他少数民族群体文字书写传统地方术语、街道和社区的名字以及地形标志的权利。

第 11 项　以他们自己的语言获得信息的权利。

捷　克

捷克，国名全称为捷克共和国。捷克地处欧洲中部。面积约 7.89 万平方公里。人口约 1,070 万（2021 年）。其中约 90% 以上为捷克族，斯洛伐克族占 2.9%，德意志族占 1%，此外还有少量波兰人和罗姆人（吉普赛人）。官方语言为捷克语。主要宗教为罗马天主教。首都布拉格。

1992 年 11 月 25 日，联邦议会通过了《联邦解体法》，并于 12 月 16 日前捷克国民议会以 1993 年第 1 号宪法性法案通过了新宪法，改国名为捷克共和国。新宪法于 1993 年 1 月 1 日生效。后历经 1998、2000、2001、2002、2009、2012 和 2013 年修正。本书译文依据的是 2013 年的宪法文本。

捷克共和国宪法

（1992 年 12 月 16 日通过）

基本权利和基本自由宪章①

第一章　基本规则

第 3 条

第 1 款　每个人不论性别、种族、肤色、语言、信仰和宗教、政

① 信息来源：捷克共和国法院官方网站（www.usoud.cz），检索时间：2022-10-30。除了作为第 1/1993 号宪法法案颁布的《捷克共和国宪法》之外，更广泛意义上的宪法包括《基本权利和自由宪章》，该宪章在联邦时期作为第 23/1991 号宪法法案通过，随后在捷克共和国新合体为第 2/1993 号宪法法案，捷克共和国宪法中无语言宗教的规定。此处语言条款全部出现在《基本权利和自由宪章》部分。

治或其他信仰、民族或社会出身、少数民族或少数族群身份、财产、血统或其他身份，保证享有基本权利和自由。

第三章　少数民族和少数族群权利

第 25 条

第 1 款　保障少数民族或少数族群公民的全面发展，均有发展自身文化、用自己的民族言语传播和接收信息以及结社的权利。具体规定由法律规定。

第 2 款　在法律规定的条件下，保障：

第 1 项　以自己的语言接受教育的权利。

第 2 项　使用自己的语言与政府部门沟通的权利。

第五章　司法和其他法律保护权

第 37 条

第 4 款　任何人若不懂司法程序中使用的语言，有权获得翻译服务。

克罗地亚

克罗地亚，国名全称为克罗地亚共和国。克罗地亚位于欧洲中南部。面积约 5.66 万平方公里。人口约 406 万（2022 年 6 月）。主要民族为克罗地亚族（90.4%），其他为塞尔维亚族、波斯尼亚族、意大利族、匈牙利族、阿尔巴尼亚族、斯洛文尼亚族等，共 22 个少数民族。官方语言为克罗地亚语。主要宗教是天主教。首都萨格勒布。

1990 年 12 月 22 日，克罗地亚共和国颁布新宪法。后历经 1997、2000、2001、2010 和 2013 年修正。本书译文依据的是 2013 年宪法文本。

克罗地亚共和国宪法

（1990 年 12 月 22 日通过）

第二章　基本原则

第 12 条

第 1 款　在克罗地亚共和国，克罗地亚语和拉丁字母为官方语言和文字。

第 2 款　在个别地区，除使用克罗地亚语和拉丁字母外，在法律特别规定的条件下也可以使用其他语言和西里尔字母或其他文字作为官方用语。

第三章　保护人权和基本自由

第一节　总则

第14条

第1款　克罗地亚共和国的公民，不论种族、肤色、性别、语言、宗教、政治或其他信仰、民族或社会出身、财产状况、出生、教育、社会地位或其他特征，均享有权利和自由。

第15条

第4款　保障所有的少数民族成员均能自由地表达民族属性、自由地使用他们的语言和文字，并保障文化自治。

第17条

第2款　限制的程度必须与威胁的性质相符，并且不得造成公民因种族、肤色、性别、语言、宗教、民族和社会出身等方面的不平等。

第二节　个人的政治权利与自由

第29条

第2款　在因刑事罪行被怀疑或被指控的情况下，被怀疑者、被指控者或者被起诉者均享有以下权利：

第1项　在尽可能最短的时间内，以其通晓的语言，被详细告知他被指控罪行的性质和原因以及证明他有罪的证据。

第7项　如果他不理解法院使用的语言，可以获得免费的翻译帮助。

拉脱维亚

拉脱维亚，国名全称为拉脱维亚共和国。拉脱维亚位于波罗的海东岸。面积约 64,589 平方公里。人口约 187.6 万（2022 年）。拉脱维亚族占 62%，俄罗斯族占 25.4%，白俄罗斯族占 3.3%，乌克兰族占 2.2%，波兰族占 2.1%。此外还有犹太人、爱沙尼亚人等。官方语言为拉脱维亚语，通用俄语。主要信奉基督教路德教派和东正教。首都里加。

1922 年 6 月 20 日制宪会议通过，1922 年 11 月 7 日生效。1993 年 7 月 6 日，拉脱维亚议会通过决议，恢复 1922 年拉脱维亚独立初通过的宪法。后历经十余次修正，最新一次修正时间是 2018 年。本书译文依据的是 2016 年宪法文本。

拉脱维亚共和国宪法

（1922 年 6 月 20 日通过）

序言

拉脱维亚人民在自己自由选举产生的制宪会议上，制定了本宪法：

（一）1918 年 11 月 18 日宣布成立的拉脱维亚共和国，是通过统一历史上拉脱维亚领土和基于拉脱维亚民族坚定不移的意志建立起来。拥有不可剥夺的自决权，保证拉脱维亚民族、语言和文化在整个世纪中发展，确保拉脱维亚人民的自由和促进每个人的福祉。

（五）自古以来在欧洲文化空间中，拉脱维亚身份认同长期受到拉脱维亚和利沃尼亚[①]传统、拉脱维亚民间智慧、拉脱维亚语言以及普遍的人类和基督教价值观的影响。对拉脱维亚的忠诚，唯一的官方语言拉脱维亚语、自由、平等、团结、正义、诚实、职业道德和家庭凝聚成整个民族。每个人均负责任对待他人、子孙后代、环境和自然，维护自己，亲属和社会的共同利益。

第一章　总则

第 4 条[②]

拉脱维亚共和国的官方语言是拉脱维亚语。拉脱维亚的国旗是中间带有白色横条的红旗。

第二章　议会

第 18 条[③]

第 2 款　如果被选入议会的人在议会会议上作下述郑重宣誓，则他将获得议员资格：

“我，在承担议会代表职责之际，向拉脱维亚人民宣誓（郑重承诺）：我将效忠于拉脱维亚，巩固拉脱维亚的主权和拉脱维亚语作为唯一官方语言的地位，捍卫作为独立和民主国家的拉脱维亚，认真地和自觉地履行自己的职责，我有遵守拉脱维亚宪法和法律的义务。”

第 21 条[④]

为了规定内部的活动和程序，议会应当制定议事规章。议会的工

---

① 拉脱维亚的大部分地区古称利沃尼亚。

② 1998 年 10 月 15 日所签署批准法律的文本，1998 年 11 月 6 日生效。

③ 2002 年 4 月 30 日所签署批准法律的文本，2002 年 11 月 5 日生效。

④ 2002 年 4 月 30 日所签署批准法律的文本，2002 年 5 月 24 日生效。

作语言是拉脱维亚语。

第八章 人的基本权利

第101条[1]

每个拉脱维亚公民均有依照法律的规定参加国家活动和地方自治活动的权利，均有担任国家公务的权利。地方自治机关由在拉脱维亚定居的、享有充分权利的拉脱维亚公民和欧洲联盟成员国的公民选举产生。在拉脱维亚定居的欧洲联盟成员国的每个公民，均有依照法律规定参加地方自治活动的权利。地方自治机关的工作语言为拉脱维亚语。

第104条[2]

每个人均有依照法律规定的形式向国家机关和地方自治机关提出诉愿，并获得实质性答复的权利。每个人均有获得用拉脱维亚语答复的权利。

第114条

少数民族有保留和发展其语言、民族和文化习俗的权利。

---

① 2004年9月24日所签署批准法律的文本。

② 2002年4月30日所签署批准法律的文本，2002年5月24日生效。

立陶宛

立陶宛，国名全称为立陶宛共和国。立陶宛位于波罗的海东岸。面积约6.53万平方公里。人口约279.5万。立陶宛族占84.2%，波兰族占6.6%，俄罗斯族占5.8%。此外还有白俄罗斯、乌克兰、犹太等民族。国家语言为立陶宛语，多数居民懂俄语。主要信奉罗马天主教，此外还有东正教、新教路德宗等。首都维尔纽斯。

1992年10月25日，立陶宛共和国以全民公决形式通过了现行宪法，1992年11月2日生效。后历经1996、2002、2003、2004、2006和2019年修正。本书译文依据的是2019年宪法文本。

立陶宛共和国宪法

（1992年10月25日通过）

序言

立陶宛作为一个国家：

（四）维护自己的民族精神、自己的语言、文字和习俗。

第一章　立陶宛国

第14条

立陶宛语是国家语言。

第二章　人和国家

第 29 条

第 2 款　禁止因性别、种族、民族、语言、出身、社会地位、信仰、信念或观点，而限制人的权利或赋予其特权。

第 37 条

任何民族的公民都有发展自己的语言、文化和习俗的权利。

第九章　法院

第 117 条

第 2 款　在立陶宛共和国，诉讼程序使用国家语言。

第 3 款　保障不掌握立陶宛语的人享有通过翻译参与调查和司法活动的权利。

列支敦士登

列支敦士登，国名全称为列支敦士登公国。列支敦士登是位于阿尔卑斯山中部和莱茵河谷的内陆国家。面积约 160 平方公里。人口约 39,315 人（2021 年 12 月），其中外籍人口约占 34.4%，主要来自瑞士、奥地利、德国和意大利。国家语言和官方语言为德语。天主教为国教，信奉天主教的居民约 73.4%，基督教约 6.3%，伊斯兰教约 5.9%。首都瓦杜兹。

1921 年议会颁布新宪法。后历经三十余次修正，最新一次修正时间是 2018 年。本书译文依据的是 2011 年宪法文本。

列支敦士登公国宪法

（1921 年颁布）

第一章　公国

第 6 条

德语是国家语言和官方语言。

卢森堡

卢森堡，国名全称为卢森堡大公国。卢森堡位于欧洲西北部。面积约2,586.3平方公里。人口约64.5万（2022年5月），其中卢森堡人占52.8%，外籍人占47.2%（主要为葡、法、意、比、德、英、荷侨民）。官方语言是法语、德语和卢森堡语。法语多用于行政、司法和外交；德语多用于报刊新闻；卢森堡语用于日常交际，亦用于地方行政和司法。97%的居民信奉天主教。首都卢森堡市。

1868年10月17日纪尧姆三世、国务委员会颁布宪法，后历经二十余次修正，最新一次修正时间是2019年。本书译文依据的是2009年宪法文本。

卢森堡大公国宪法

（1868年10月17日颁布）

第二章　公共自由和基本权利

第29条[①]

法律规定政务和司法方面的语言的使用。

① 1948年5月6日修改。

罗马尼亚

罗马尼亚，位于东南欧巴尔干半岛北部。面积约23.8万平方公里。人口约1,919万（2021年1月）。罗马尼亚族占88.6%，匈牙利族占6.5%，罗姆族占3.2%，日耳曼族和乌克兰族各占0.2%，其余民族为俄罗斯、土耳其、鞑靼等。城市人口所占比例为56.4%，农村人口所占比例为43.6%。官方语言为罗马尼亚语，主要少数民族语言为匈牙利语。主要宗教有东正教（信仰人数占总人口的86.5%）、罗马天主教（4.6%）、新教（3.2%）。首都布加勒斯特。

1991年11月21日，罗马尼亚议会批准新宪法，1991年12月8日全民公决予以通过。2003年10月进行修正，其中包括：允许少数民族在地方政务及司法程序中使用本民族语言。本书译文依据的是2003年宪法文本。

罗马尼亚宪法

（1991年12月8日通过）

第一编　总则

第4条　人民的统一和公民平等

第2款　罗马尼亚是全体公民共有的不可分割的祖国。不得基于种族、民族、语言、宗教、性别、观点、政治身份、财产、社会出身等理由歧视公民。

第6条　身份权

第1款　国家承认和保障少数民族保存、发展和表达其种族、文化、语言以及宗教身份的权利。

第7条　国外的罗马尼亚人

国家应支持与居住于国外的罗马尼亚人加强联系，并在遵守其所属国家之立法的情况下，采取相应的行动保存、发展和表达其种族、文化、语言和宗教身份。

第13条　官方语言

在罗马尼亚，官方语言是罗马尼亚语。

第二编　基本权利、自由和义务

第二章　基本权利和自由

第23条　个人自由

第8款　在可能的情况下，任何被拘留或逮捕的人应立即以其通晓的语言被告知其被拘留或逮捕的理由和受到的指控，通知其所受指控时应有其选择的律师或法院为其指定的律师在场。

第32条　受教育权

第2款　各个层次的教育应使用罗马尼亚语，也可以根据法律规定使用国际通用的外国语言。

第3款　少数民族人民学习自己的母语并用自己的语言接受教育的权利应被保证。这些权利的行使方式应由法律规定。

第三编　公共权力机构

第五章　公共行政

第二节　地方公共行政

第120条　基本原则

第2款　在少数民族占一定数量的地方行政单位中，根据组织法的规定，应确保该少数民族的语言在与地方公共行政机关及分散化的公共服务机关的关系中，在口语和书面语中的使用。

第六章　司法机构

第一节　法院

第 128 条　母语使用和法庭传译

第 1 款　司法过程中应使用罗马尼亚语。

第 2 款　根据组织法的明确规定，罗马尼亚的少数民族公民有权在法院用母语表达自己的观点。

第 3 款　第 2 款权利行使——包括使用口译员或翻译——的方式，应既不妨碍正常的司法秩序，又不使相关人员负担额外费用。

第 4 款　不通晓或不会讲罗马尼亚语的外国公民和无国籍人有权了解所有诉讼文件和程序，通过翻译在法庭上发言和提出诉求。在刑事诉讼中，此权利的行使应确保免费。

第七编　宪法修改

第 152 条　修改限制

第 1 款　本宪法中关于罗马尼亚国家民族的、独立的、统一的和不可分割的性质、共和国政体、领土完整、司法独立、政治多元化、官方语言的条款不得修改。

马耳他

马耳他，国名全称为马耳他共和国。马耳他是一个位于地中海中部的岛国。面积约 316 平方公里，主要由 5 个岛屿组成。人口约 51.6 万（2021 年）。主要是马耳他人，占总人口的 88.2%（2016 年），其余为阿拉伯人、意大利人、英国人等。官方语言为马耳他语和英语等。天主教为国教，其余主要信奉基督教新教和东正教。首都瓦莱塔。

1964 年 9 月 21 日国会颁布独立宪法并生效。后历经二十余次修正，最新一次修正时间是 2020 年。本书译文依据的是 2021 年宪法文本。

马耳他共和国宪法

（1964 年 9 月 21 日颁布）

第一章　马耳他共和国

第 5 条　语言

第 1 款　马耳他语为马耳他的国家语言。

第 2 款　马耳他语、英语以及国会规定的其他语言（需由国会以不低于 2/3 成员通过的法律规定）是马耳他的官方语言，政府得为各种官方目的使用其中任何一种语言。

但如果有人对政府使用任何一种官方语言，政府也应以同一语言作出答复。

第3款 法院应使用马耳他语。

但在国会所规定的必要情况和条件下，国会可规定使用英语。

第4款 国会程序及记录中某种或几种语言的使用，可由国会在其自身程序中决定。

第四章 个人的基本权利和自由

第34条 免受任意逮捕或拘留的保护

第2款 任何被逮捕或拘留的人，在当时即应以其能通晓的语言被告知逮捕或拘留的原因。

在对某人执行逮捕或拘留时，需要但无法立即找到翻译，或无法执行本款之规定的，应尽早执行该规定。

第39条 确保受法律保护的规定

第6款 任何刑事诉讼的被告人均有下列权利：

第1项 以其所通晓的语言并以书面形式详细被告知指控的性质。

第5项 如果其不理解法庭审讯所使用的语言，应当免费为其提供翻译帮助。

第六章 国会

第二节 国会的权力与程序

第74条 法律语言

除国会另有规定外，所有法律应均使用马耳他语和英语两种语言制定。任何法律的英语文本与马耳他语文本有冲突的，应以马耳他语文本为准。

摩尔多瓦

摩尔多瓦，国名全称为摩尔多瓦共和国。摩尔多瓦是一个位于东南欧北部的内陆国家。面积约 3.38 万平方公里。人口约 349 万。摩尔多瓦族占 75.8%，其他民族有乌克兰族、俄罗斯族、加告兹族、罗马尼亚族、保加利亚族等。国家语言为摩尔多瓦语，俄语为通用语。主要信仰东正教。首都基希讷乌。

1994 年 7 月 29 日，摩尔多瓦正式通过了独立以后的第一部宪法，1994 年 8 月 18 日公布，1994 年 8 月 27 日生效。后历经 1996、2000、2001、2002、2003、2006、2016 和 2017 年修正。本书译文依据的是 2016 年的宪法文本。

摩尔多瓦共和国宪法

（1994 年 7 月 29 日通过）

第一编　基本原则

第 10 条　人民的团结和国家认同权利

第 2 款　国家承认和保障所有公民享有维护、发展和表达其民族、文化、语言和宗教特性的权利。

第 13 条　国家语言、其他语言的使用

第 1 款　以拉丁字母为基础的摩尔多瓦语，是摩尔多瓦共和国的国家语言。

第2款 国家承认和保护、保留、发展俄语以及国内所使用的其他语言的权利。

第3款 国家促进国际交往语言的学习。

第4款 摩尔多瓦共和国境内各种语言的使用程序，由组织法予以规定。

第二编 基本权利、自由和义务

第一章 总则

第16条 平等

第2款 摩尔多瓦共和国的所有公民不分种族、国籍、民族出身、语言、宗教、性别、观点、政治属性、财产状况或社会出身，在法律和权力面前一律平等。

第二章 基本权利和自由

第35条 受教育权

第2款 国家依照法律的规定保障人们选择教育和学习用语的合法权利。

第3款 国家语言的学习，在各级学校里都应当得到保证。

第三编 公权力

第五章 摩尔多瓦共和国总统

第78条 总统的选举

第2款 凡年满40岁、在摩尔多瓦共和国境内曾经居住或居住10年、掌握国家语言并享有选举权的摩尔多瓦共和国公民，都可以当选为摩尔多瓦共和国总统。

第九章 司法权

第一节 各级法院

第 118 条 诉讼语言和利用翻译服务的权利

第 1 款 诉讼程序使用摩尔多瓦语进行。

第 2 款 不掌握或不会讲摩尔多瓦语的人，有通过翻译了解案件的所有文件和案卷材料、通过翻译在法庭进行陈述的权利。

第 3 款 依照法律的规定，诉讼程序也可使用多数诉讼程序参加人能接受的语言。

第七编 最后条款和过渡性条款

第 7 条

第 1 款 1989 年 9 月 1 日通过的《摩尔多瓦共和国境内语言使用法》，其不与本宪法相抵触部分的内容继续有效。

摩纳哥

摩纳哥，国名全称为摩纳哥公国。摩纳哥是一个位于欧洲西南部的城邦国家。面积约 2.08 平方公里。人口约 39,150 人（2021 年 12 月）。官方语言为法语，约 86% 的居民信奉天主教。首都摩纳哥。

摩纳哥现行宪法于 1962 年 12 月 17 日由雷尼尔三世殿下颁布生效。后经 2002 年修正。本书译文依据的是 2002 年宪法文本。

摩纳哥公国宪法

（1962 年 12 月 17 日通过）

第一章　公国——公共权力

第 8 条

法语是国家的官方语言。

挪　威

挪威，国名全称为挪威王国。挪威位于北欧斯堪的纳维亚半岛西部。面积约 38.5 万平方公里。人口约 542.5 万（2021 年）。81.1% 为挪威人，有萨米人约 5.4 万，主要分布在北部。官方语言为挪威语和萨米语（部分地区）。多数人信奉基督教路德宗，挪威教会成员占人口总数的 68%。首都奥斯陆。

挪威王国宪法于 1814 年 5 月 17 日国民会议通过。后历经八十余次修正，最新一次修正时间是 2020 年。本书译文依据的是 2016 年宪法文本。

挪威王国宪法

（1814 年 5 月 17 日通过）

第五章　人权

第 108 条

国家机构有责任创造条件使得萨米人维护和发展其语言、文化和生活方式。

第六章　一般规定

第 114 条

第 1 款　凡符合下列条件之一，并且会讲挪威语的挪威男女公民，均有资格被任命为高级官方职务：

第 1 项　在本国出生，其父母当时都是挪威公民。

第 2 项　或者在国外出生，彼时其挪威籍父母当时不是他国国民。

第 3 项　或者已经在本国定居十年。

第 4 项　或者已由议会授予国籍。

葡萄牙

葡萄牙，国名全称为葡萄牙共和国。葡萄牙位于欧洲伊比利亚半岛的西南部。面积约 92,226 平方公里。人口约 1,034.7 万（2021 年 7 月）。主要为葡萄牙人。外国合法居民约 48 万人，主要来自巴西、佛得角、安哥拉、几内亚比绍等葡语国家，中国以及部分欧盟国家。官方语言为葡萄牙语。约 81% 的居民为天主教徒。首都里斯本。

葡萄牙现行宪法于 1976 年 4 月 2 日制宪会议通过，1976 年 4 月 25 日生效。后历经 1982、1989、1992、1997、2001、2004 和 2005 年修正。本书译文依据的是 2005 年宪法文本。

葡萄牙共和国宪法

（1976 年 4 月 2 日通过）

基本原则

第 9 条　国家的基本任务

国家的基本任务是：

第 6 项　保障教育和公民个人的持久发展，保护和促进对葡萄牙语的使用和国际推广。

第 11 条　国家标志和官方语言

第 3 款　官方语言为葡萄牙语。

第一编　基本权利与义务

第一章　一般原则

第13条　平等原则

第2款　任何人不得基于血统、性别、民族和种族、语言、出生地、宗教、政治或意识形态信仰、教育、经济状况、社会地位、性取向而享有特权、受到优待，或被损害和剥夺任何权利，或者被免除任何义务。

第三章　经济、社会与文化权利和义务

第三节　文化权利和义务

第74条　教育

第2款　在实施教育政策方面，国家应负以下责任：

第8项　葡萄牙手语作为文化的表现形式、教育手段和保障机会平等的工具，应得到保护和发展。

第9项　为移民儿童提供葡萄牙语言和文化教育。

第78条　文化享受与文化创作

第2款　国家在所有文化机构的配合下，负有以下职责：

第4项　发展同各国人民，特别是葡萄牙语国家人民的文化联系，并切实保障葡萄牙文化在国外得到保护和发扬。

瑞　典

瑞典，位于北欧斯堪的纳维亚半岛东半部。面积约 45 万平方公里。人口约 1,038 万（2020 年）。绝大多数为瑞典人，移民多来自于中东、东南欧、非洲等地区。北部萨米族是唯一的少数民族。官方语言为瑞典语，通用英语。主要宗教为基督教路德宗。首都斯德哥尔摩。

现行宪法由《王位继承法》《出版自由法》《表达自由法》《政府组织法》四个基本法组成。此外，《议会法》（2012 年最新一次修订）也被视为具有基本法的效力。后历经三十余次修正，最新一次修正时间是 2019 年。本书译文依据的是 2012 年宪法文本。

政府组织法[①]

（1974 年 2 月 28 日通过）

第一章　政府形式的基本原则

第 2 条

第 4 款　公共机构应促进所有人在社会中的参与权和平等权，并保障儿童权利。公共机构不允许基于性别、肤色、国籍或民族出身、语言或宗教、残障、性取向、年龄或其他影响个人的条件的歧视。

第 5 款　应向萨米人和其他民族、语言和宗教上的少数人提供各种机会，以使其能够保持和发展自己的文化和社会生活。

---

① 编者注：目前瑞典宪法中，只有《政府组织法》中涉及语言条款的规定。

瑞　士

瑞士，国名全称为瑞士联邦。瑞士是一个位于中欧的内陆国家。面积约41,284平方公里。人口约867万人（2020年），其中外籍人口约占25%。德语、法语、意大利语及罗曼什语4种语言均为官方语言，居民中讲德语的约占62.8%，法语22.9%，意大利语8.2%，罗曼什语0.5%，其他语言5.6%。信奉天主教的居民占37.2%，新教25%，其他宗教7.4%，无宗教信仰24%。首都伯尔尼。

1999年4月18日经由公民表决通过新宪法，2000年1月1日生效。后历经十余次修正，最新一次修正时间是2018年。本书译文依据的是2014年宪法文本。

瑞士联邦宪法

（1999年4月18日通过）

第一编　总则

第4条　官方语言

官方语言为德语、法语、意大利语和罗曼什语。

第二编　基本权利、公民和社会目标

第一章　基本权利

第8条　法律面前平等

第 2 款　任何人不得因出身、种族、性别、年龄、语言、社会地位、生活方式、宗教信仰、意识信念、政治信仰以及身体、心理或精神上的缺陷而受到歧视。

第 18 条　使用语言的自由

保护对语言的自由选择权。

第 31 条　自由之剥夺

第 2 款　所有被剥夺自由的人均有权要求以其通晓的语言被及时告知其被剥夺自由的原因及其享有的权利，并有机会主张其权利，尤其有权使其近亲属知悉。

第三编　联邦、州、市镇

第二章　（联邦、州的）权限

第三节　教育、科研和文化

第 69 条　文化

第 3 款　联邦在履行其职能过程中，应当考虑国家文化和语言的多样性。

第 70 条　语言

第 1 款　联邦的官方语言是德语、法语和意大利语。基于联邦与罗曼什语使用人群交流的需要，罗曼什语亦为官方语言。

第 2 款　各州须规定自己的官方语言。为保持不同语言区的和谐，各州应当保证不同语言传统的地区分布，同时要考虑到本地原住民中的语言少数群体。

第 3 款　联邦和各州应当鼓励不同语言区之间的理解和交流。

第 4 款　基于履行特殊职能的需要，联邦支持各州使用多种语言。

第5款 联邦支持格劳宾登州[①]和提契诺州[②]所采取的维持和促进罗曼什语和意大利语的措施。

第五编 联邦政府机关

第三章 联邦委员会和联邦行政机构

第一节 组织与程序

第175条 组成和选举

第4款 不同区域和语言区在联邦委员会中要有均衡的代表性。

① 格劳宾登州（Cantons）位于瑞士东南部，是瑞士境内主要的罗曼什语区。

② 提契诺州（Ticino）位于瑞士南部，是瑞士的意大利语区。

塞尔维亚

塞尔维亚，国名全称为塞尔维亚共和国。塞尔维亚位于巴尔干半岛中北部。面积约 8.85 万平方公里。人口约 687 万（不含科索沃地区，2021 年）。官方语言塞尔维亚语。主要宗教为东正教。首都贝尔格莱德。

2006 年 9 月 30 日，塞尔维亚共和国国民大会特别会议通过了新宪法草案。2006 年 10 月 28 日和 29 日，新宪法草案举行全民公决并获得通过，于 2006 年 11 月 8 日正式生效。后无修正。

塞尔维亚共和国宪法

（2006 年 9 月 30 日通过）

第一章　宪法原则

第 10 条　语言和文字

第 1 款　塞尔维亚语和西里尔字母应在塞尔维亚共和国得到官方正式使用。

第 2 款　其他语言和文字的官方使用应以宪法为基础由法律规定。

第二章　人与少数人权利和自由

第一节　基本原则

第 21 条　禁止歧视

第 3 款　禁止基于任何原因的直接或者间接歧视，特别是基于种族、性别、民族、社会出身、出生、宗教、政治或其他观点、财产状况、文化、语言、年龄、精神或者身体残障等原因的歧视。

第二节　人权和自由

第27条　自由和安全权

第2款　任何被国家机构剥夺自由的人均应立即以他们通晓的语言被告知其被逮捕或者监禁的原因、针对他们的指控，以及将他们的逮捕或者监禁无延迟地通知他们选择的任何人的权利。

第32条　公平审判的权利

第2款　每一个人得到译员免费帮助的权利应得到保障，如果此人不讲或者不通晓法院官方所使用的语言，如果此人是盲、聋或者哑人，也应有权得到译员的免费帮助。

第33条　被控刑事犯罪个人的特别权利

第1款　根据法律，任何被控刑事犯罪的个人应有权以其通晓的语言立即被详细告知针对其指控的本质和原因，以及对其不利的证据。

第48条　促进对多样性的尊重

塞尔维亚共和国应通过适用在教育、文化和公共信息中的措施促进其公民对源于特定民族、文化、语言或者宗教认同的多元化的理解、承认和尊重。

第57条　获得庇护的权利

第1款　任何外国国民有合理的理由惧怕基于种族、性别、语言、宗教、民族来源或者与其他群体的联系、政治见解而遭受迫害的，应有权在塞尔维亚共和国获得庇护。

第三节　属于少数民族个人的权利

第75条　基本条款

第3款　根据法律，属于少数民族的个人应通过他们的集体权利参与决策制定或者独立决定与他们的文化、教育、信息以及官方使用语言和文字有关的某些事务。

第4款 根据法律，属于少数民族的个人可以选举他们的民族委员会以便在文化、教育、信息以及官方使用他们的语言和文字的领域行使自治权。

第79条 保留特性的权利

第1款 根据法律，少数民族成员应有权：表达、保留、培育、发展和公开表达民族、种族、文化、宗教特性；在公共场所使用他们的标志；使用他们的语言及文字；在他们占人口中绝大多数的地区，在国家机构、受委托行使公权力的组织、自治省的机构以及地方自治单位面前，以他们的语言实施活动；在公共机构和自治省的机构中以他们的语言接受教育；建立私营教育机构；在他们占人口绝大多数的地区，以他们的语言使用他们的名和姓；在他们占人口中绝大多数的地区，以他们的语言书写当地传统名称、街道名称、居民区和地形名称；获得使用他们语言的完全、及时且客观的信息，包括表达、接受、发送和交换信息和思想；建立他们自己的大众传媒。

第81条 促进宽容精神

在教育、文化和信息领域，塞尔维亚应在所有生活在其领土上的人民中间，不论其种族、文化、语言或者宗教认同，促进宽容精神和各文化间的对话，并采取足够的措施增强相互尊重、理解与合作。

第八章 合宪性与合法性

第199条 法律程序的语言

第1款 一个人当他/她的权利或者义务被决定时，有权在法院、其他国家机构或者行使公权力组织的法律程序中使用他/她自己的语言。

第2款 对法律程序的语言不熟悉不应成为人权和少数人权利行使和保护的障碍。

第202条 紧急状态和战争状态中对于人权和少数人权利的克减

第2款 规定克减的措施不应基于种族、性别、语言、宗教、民族属性或者社会来源方面的差别。

塞浦路斯

塞浦路斯，国名全称为塞浦路斯共和国。塞浦路斯位于地中海东北部。面积约 9,251 平方公里。塞浦路斯实际控制区人口约 91.8 万（2021 年）。塞浦路斯全境人口约 127 万，其中希腊族占 60%，土耳其族及外籍人占 40%。官方语言为希腊语和土耳其语，通用英语。希腊族信奉东正教，土耳其族信奉伊斯兰教。首都尼科西亚。

现行宪法于 1960 年 7 月 6 日通过，1960 年 8 月 16 日生效。后历经 1989、1996、2002、2006、2010、2013、2015、2016 和 2020 年修正。本书译文依据的是 2013 年宪法文本。

塞浦路斯共和国宪法

（1960 年 7 月 6 日通过）

第一章　总则

第 3 条

第 1 款　共和国的官方语言为希腊语和土耳其语。

第 2 款　立法、执行和行政的法律及文书，应同时使用两种官方语言书写；根据本宪法明文规定需要公布的，则应同时以该两种官方语言在共和国政府公报上公布。

第 3 款　针对希腊族人或土耳其族人发布的行政或其他官方文书，应该分别使用希腊语或土耳其语。

第 4 款 司法程序的进行和判决，如双方当事人都是希腊族人，应使用希腊语；如双方当事人都是土耳其族人，应使用土耳其语；如一方当事人是希腊族人，另一方当事人是土耳其族人，应同时使用两种语言。在所有其他案件中为此目的而应使用的官方语言由高等法院依第 163 条制定的法院规则予以规定。

第 5 款 任何在共和国政府公报上刊登的文字，应在同一期上同时使用两种语言予以公布。

第 6 款

任何在共和国政府公报上公布的立法、执行和行政的法律和文书的文本，希腊语文本和土耳其语文本之间存在差异的，由有权管辖法院予以决定。

在共和国政府公报上发布的部族院[①]的法律或决定，其正文应以使用所涉部族院的语言的文本为准。

执行和行政的法律和文书其希腊语文本和土耳其语文本之间存在的差异，虽然其并非在共和国政府公报上而是以其他方式公布的，相关部长或者其他机关应声明以何种文本为准或者何种文本为正确的、最终的、确定的。

第 7 款 在硬币、纸币和邮票上，应该同时使用两种官方语言。

第 8 款 任何人在向国家政府机关进行陈述时，有权选择使用任何一种官方语言。

第二章 基本权利与自由

第 11 条

第 4 款 在逮捕任何人的同时，应以其通晓的语言告知其被捕的

---

① 原文是：a Communal Chamber。

理由，并且允许其获得自己所选择的律师的服务。

第6款 在被捕者被带到法官面前之后，法官应立即使用被逮捕者通晓的语言询问其被捕的理由，而且尽快地、无论在何种情形下，从该被逮捕者被带至其面前之日起算不超过3日，决定以其认为合适的条件释放被捕者，或者，其认为对被逮捕者的犯罪行为的调查尚未完成的，则可以将其还押候审，并且每次还押候审的时间不得超过8日。

第12条

第5款 任何被指控犯罪的被告人都享有下列最低限度的权利：

第1项 及时地、以其能通晓的语言被详细告知对其提出的指控的性质和理由。

第5项 如果不理解或不会讲法庭所使用的语言，有权获得免费的翻译帮助。

第28条

第2款 每位公民享有本宪法规定的权利和自由，不得因其族群、种族、宗教、语言、性别、政治或其他信仰、民族或社会出身、血统、肤色、财产、社会阶层或其他因素而受任何直接或间接的差别对待，但本宪法中明确另作规定的除外。

第30条

第3款 每个人有权：

第5项 如果不能理解或不会讲法庭所使用的语言，有权获得免费的翻译帮助。

第四章 议会

第73条

第8款 议会中的所有发言应在议会讲台上向议会发表。在议会和在所有委员会会议中的所有发言和其他程序，应在其发言同时，将发言者发言时所用的官方语言翻译成另一官方语言。

过渡条款

第189条

无论第3条作何规定，在本宪法生效后5年内：

第1项 所有依第188条规定继续生效的法律，可继续使用英语文本表述。

第2项 英语在共和国所有法院诉讼时使用。

斯洛伐克

斯洛伐克，国名全称为斯洛伐克共和国。斯洛伐克是欧洲中部的内陆国家。面积约 4.9 万平方公里。人口约 546 万人。主要民族为斯洛伐克族，约占 81.2%，匈牙利族约占 8.4%，罗姆族占 2%，其余为捷克族、卢塞尼亚族、乌克兰族、德意志族、波兰族、俄罗斯族等。国家语言为斯洛伐克语。居民大多（约 62%）信奉罗马天主教。首都布拉迪斯拉发。

1992 年 9 月 1 日，捷克和斯洛伐克联邦共和国国民议会通过宪法，1992 年 10 月 1 日生效。后历经十余次修正，最新一次修正时间是 2019 年。本书译文依据的是 2017 年宪法文本。

斯洛伐克共和国宪法

（1992 年 9 月 1 日通过）

第一章

第一节　基本规则

第 6 条

第 1 款　斯洛伐克共和国境内的国家语言是斯洛伐克语。

第 2 款　在官方交往中使用除国家语言外的其他语言，应由法律规定。

第二章　基本权利与自由

第一节　一般规则

第12条

第2款　任何人，不分性别、种族、肤色、语言、信仰与宗教、政治或其他见解、民族或社会出身、民族或族群属性、财产、血统或其他情形，在斯洛伐克共和国领土内，其基本权利与自由均受保障。任何人不得基于前述理由被侵害、被赋予特权或被歧视。

第三节　政治权利

第26条

第5款　公权力机构有义务以国家语言并以适当的方式提供其活动的信息，提供的条件与方式由法律规定。

第四节　少数民族的权利

第34条

第1款　属于斯洛伐克共和国的少数民族公民的全面发展受到保障，特别是与其他成员一同发展其自身文化的权利、运用其母语传播并接受信息的权利、参加少数民族组织的权利，以及建立并维持教育与文化机构的权利。具体细则由法律规定。

第2款　除有权掌握国家语言外，属于少数民族或种族团体的公民在法定条件下也拥有如下受保障的权利：

第1项　以自己的语言接受教育的权利。

第2项　在官方交往中使用自己语言的权利。

第3项　参与决定与少数民族和种族团体有关的事务的权利。

第七节　获得司法和其他法律保护的权利

第 47 条

第 4 款　在本条第 2 款提到的诉讼过程中，任何宣布自己未掌握相关语言的人均有权要求提供翻译。

斯洛文尼亚

斯洛文尼亚，国名全称为斯洛文尼亚共和国。斯洛文尼亚位于欧洲中南部。面积约 2.03 万平方公里。人口约 211 万（2022 年）。主要民族为斯洛文尼亚族，约占 83%。少数民族有塞尔维亚族、克罗地亚族、匈牙利族、意大利族等。官方语言为斯洛文尼亚语。主要宗教为天主教。首都卢布尔雅那。

1991 年 12 月 23 日，斯洛文尼亚国民议会通过新宪法。后历经 1997、2000、2003、2004、2006、2013 和 2016 年修正。本书译文依据的是 2016 年宪法文本。

斯洛文尼亚共和国宪法

（1991 年 12 月 23 日通过）

第一章　总则

第 11 条

斯洛文尼亚的官方语言为斯洛文尼亚语。在意大利族或匈牙利族聚集生活的地区，意大利语或匈牙利语也应被作为官方语言。

第二章　人权和基本自由

第 14 条　法律面前的平等性

第 1 款　在斯洛文尼亚，无论其民族出身、种族、性别、语言、宗教、政治信仰或其他信仰、财产状况、出生、教育、社会地位、残障或其他个人情况，保障所有人享有平等的人权及基本自由。

第 16 条　权利的暂时剥夺和限制

在战争和国家紧急状态期间，该宪法所规定的人权和基本自由可以例外地被暂时剥夺或受到限制。只有在战争期间或国家紧急状态期间，人权和基本自由才可以被暂停剥夺或受到限制。但仅限于紧急状态所要求的范围内，且限于所采取的措施没有因种族、民族出身、性别、语言、宗教、政治或其他信仰、财产状况、出生、教育、社会地位及其他个人情况而导致不平等。

第 19 条　保护人身自由

第 3 款　任何人被剥夺自由时，必须立即以其母语或当事人通晓的语言告知其被剥夺自由的原因。必须在最短的时间内，以书面形式通知本人其被剥夺自由的原因。应当立即告知其本人没有义务进行陈述，他有权立即得到他自由选择的律师的法律帮助。主管机关必须根据其要求被剥夺自由的事项通知其亲属或与他关系密切的人。

第 61 条　表达民族身份

每个人均有权自由表达他的民族或所归属的民族共同体，培育和展现他自己的文化，使用本民族的语言文字。

第 62 条　使用语言及文字权

依法律规定的方式行使自己的权利与义务以及参与国家和其他公务活动时，每个人均有权使用本民族的语言和文字。

第 64 条　斯洛文尼亚境内聚居的意大利族及匈牙利族的特殊权利

第 1 款　保障聚居的意大利族和匈牙利族成员有权自由使用本民族的标志，有权为了保持民族特性而成立组织和发展经济、文化、科学研究与新闻出版活动。依据法律规定，上述两个民族群体及其成员有权接受用他们自己语言进行的教育和培训，有权实现和发展这些教育和培训。必须实行双语教学的地区，由法律规定。国家保障这两个民族及其成员同境外的母族或母国保持联系的权利。国家在物质上和道义上为其行使这些权利提供帮助。

乌克兰

乌克兰，位于欧洲东部。面积约60.37万平方公里。人口约4,113万（2022年6月，不含克里米亚地区）。有110多个民族，乌克兰族占77%，俄罗斯族占17%。国家语言为乌克兰语，俄语广泛使用。主要信奉东正教和天主教。首都基辅。

1996年6月28日，乌克兰最高拉达第五次会议通过了《乌克兰宪法》。后历经2004、2010、2011、2013、2014、2016和2019年修正。本书译文依据的是2019年宪法文本。

乌克兰宪法

（1996年6月28日通过）

第一章　总则

第10条

第1款　乌克兰的国家语言是乌克兰语。

第2款　国家保障乌克兰语在乌克兰全境及在社会生活的各个领域中的全面发展和发挥作用。

第3款　在乌克兰，保障俄语和乌克兰少数民族的其他语言得到自由的发展、使用和保护。

第4款　国家促进国际交流语言的学习。

第5款 在乌克兰，各种语言的使用受到乌克兰宪法保障，并由法律予以规定。

第11条

国家促进乌克兰民族的团结和发展，促进乌克兰民族的历史意识、传统和文化的巩固和发展，以及促进乌克兰所有原住民族和其他少数民族的民族传统、文化传统、语言传统和宗教传统的发展。

第12条

乌克兰对满足在乌克兰境外居住的乌克兰人的民族文化需求和语言需求表示关心。

第二章 个人和公民的权利、自由和义务

第24条

第2款 不得因为种族、肤色、政治、宗教和其他信仰、性别、民族和社会出身、财产状况、居住地、语言或其他特征，享有特权或者受到限制。

第53条

第5款 保障少数民族公民依照法律的规定，享有在国立学校和地方自治机关举办的学校里，以及通过民族文化协会，用母语学习或者研究母语的权利。

第四章 乌克兰最高拉达[①]

第92条

只有乌克兰法律才可以规定下列问题：

第4项 语言使用程序。

---

① 宪法第75条，乌克兰最高拉达，即议会，是乌克兰唯一的立法权力机关。

第五章　乌克兰总统

第 103 条

第 2 款　年满 35 岁，享有选举权、选举日之前在乌克兰居住已满 10 年、掌握国家语言的乌克兰公民，可以当选为乌克兰总统。

第八章　司法权

第 127 条

第 3 款　年龄不小于 30 岁且不超过 65 岁，具有高等法律教育程度和不少于 5 年法律职业工龄、有能力的、忠诚的并熟练掌握国家语言的乌克兰公民，可以被推荐为法官。被推荐为法官的其他要求由法律规定。

第十章　克里米亚自治共和国

第 138 条

下列问题属于克里米亚自治共和国管辖：

第 8 项　保障克里米亚自治共和国国家和民族的语言与文化的运用和发展，保护和使用历史文物。

第十二章　乌克兰宪法法院

第 148 条

第 4 款　掌握国家语言、任命之日年满 40 岁，具有高等法律教育程度和不少于 15 年的法律职业工龄、道德品质高尚、具备认可的律师能力的乌克兰公民，可以担任乌克兰宪法法院的法官。

西班牙

西班牙，国名全称为西班牙王国。西班牙位于欧洲西南部伊比利亚半岛。面积约 50.6 万平方公里。人口约 4,739.8 万人（2021 年 1 月），主要是卡斯蒂利亚人（即西班牙人），少数民族有加泰罗尼亚人、加利西亚人和巴斯克人。卡斯蒂利亚语（即西班牙语）[①] 是官方语言和全国通用语言。少数民族语言在本地区亦为官方语言。56.6% 的居民信奉天主教。首都马德里。

现行宪法于 1978 年 10 月 31 日经国会两院通过，1978 年 12 月 6 日经西班牙公民投票通过，1978 年 12 月 27 日由国王在国会签署，1978 年 12 月 29 日生效。后经 1992 年和 2011 年修正。本书译文依据的是 2011 年宪法文本。

西班牙王国宪法

（1978 年 12 月 6 日通过）

序言

希望建立正义、自由和安全的西班牙王国，并为所有西班牙人民谋求福祉和行使主权，宣布如下：

① 美国、墨西哥、中美洲、加勒比海地区、哥伦比亚、厄瓜多尔、乌拉圭多用西班牙语（Spanish），其他地区主要称卡斯蒂利亚语（Castellano）。

（三）保护所有西班牙人和西班牙各民族的人权，发展其文化、传统、语言和习俗。

总纲

第3条

第1款 卡斯蒂利亚语为国家的官方西班牙语。全体国民有义务掌握它、有权使用它。

第2款 根据各自治区的规定，西班牙的其他语言亦为各自治区的官方语言。

第3款 西班牙的不同形式的语言作为文化遗产应受到特别尊重和保护。

第一编 基本权利和义务

第二章 权利和自由

第一节 基本权利和公共自由

第20条

第3款 法律应规定国家或任何组织的大众传媒由国家管控，并保证重要的社会和政治团体在尊重西班牙社会多元化和语言多样性的前提下使用大众媒体。

第八编 国家的地区组织

第三章 自治区

第148条

第1款 自治区对下述事项行使职权：

第17项 促进文化、科研以及适合当时自治区语言的教学。

第十编 宪法修改

最后条款

自宪法正式文本在国家官方公报上公布之日起宪法生效。宪法也将用西班牙的其他语言公布。

希 腊

希腊，国名全称为希腊共和国。希腊位于巴尔干半岛最南端。面积约 131,957 平方公里。人口约 1,067.9 万人（2021 年）。98% 以上为希腊人，其余为穆斯林及其他少数民族。官方语言为希腊语，东正教为国教。首都雅典。

现行宪法于 1975 年希腊第五次修宪议会投票通过，1975 年 6 月 11 日生效。后历经 1986、2001、2008 和 2019 年修正。本书译文依据的是 2008 年宪法文本。

希腊共和国宪法

（1975 年通过）

第一部分　基本规则

第二章　教会与国家的关系

第 3 条

第 3 款 《圣经》[①] 经文应按原样保持不变。未经希腊正教会和君士坦丁堡大教会的事前批准，对此文本的任何其他种语言的官方翻译均被禁止。

---

① 旧约圣经最早是用希伯来文写的，新约圣经最早是用希腊文写的。

第二编　个人权利和社会权利

第5条

第2款　希腊领土内居住的所有人，不分国籍、种族、语言、宗教及政治信仰，其生命、名誉和自由均受全面保护。只有国际法规定的情形中，方可允许例外。

匈牙利

匈牙利是中欧内陆国家。面积约93,023平方公里。人口约968.9万（2022年1月）。主要民族为匈牙利（马扎尔）族，约占90%。少数民族有斯洛伐克族、罗马尼亚族、克罗地亚族、塞尔维亚族、斯洛文尼亚族、德意志族等。官方语言为匈牙利语。居民主要信奉天主教（66.2%）和基督教（17.9%）。首都布达佩斯。

2011年4月18日，匈牙利国会通过了名为《匈牙利根本法》的新宪法草案，并于4月25日由总统签署，2012年1月1日正式生效。后历经2012、2013、2016、2018、2019和2020年修正。本书译文依据的是2016年宪法文本。

匈牙利根本法[①]

（2011年4月18日通过）

序言

国家宣言

我们匈牙利人民，基于所有匈牙利人的责任感，于新千年伊始宣

① 原文没有章序号，此为编者所加。原文按照字母顺序排列条款，为了便于读者阅读，译者以阿拉伯数字呈现条款及内容。

告如下：

（八）我们致力于对我们的文化遗产、我们独特的语言、匈牙利文化、居住于匈牙利的各民族的语言和文化，以及喀尔巴阡盆地所有文化和自然遗产的发展和保护。我们肩负着对后代的责任，我们将审慎利用我们的物质、文化和自然资源，以保护未来世代子孙的生存条件。

第一章 宪法基础

第8条

第1款 匈牙利语为匈牙利的官方语言。

第2款 匈牙利应当保护匈牙利语言。

第3款 匈牙利应当将匈牙利手语作为匈牙利文化的构成部分予以保护。

第二章 自由与责任

第15条

第2款 匈牙利保障所有人的基本权利，不因种族、肤色、性别、残障、语言、宗教、政治或其他观点、民族或社会出身、财产、出生或其他因素而有差别对待。

第29条

第1款 匈牙利境内的各民族构成国家的组成部分。匈牙利各民族公民都有权自由表达和保持其身份。匈牙利境内的各民族有权使用本民族语言，单独或者集体使用本民族语言的姓名、发展其民族文化，并接受民族语言的教育。

意大利

意大利，国名全称为意大利共和国。意大利位于欧洲南部。面积约301,333平方公里。人口约5,898万（2022年1月）。主要是意大利人，讲意大利语。西北部的瓦莱·达奥斯塔、东北部的特伦蒂诺—上阿迪杰和弗留利—威尼斯·朱利亚等少数民族地区分别讲法语、德语和斯洛文尼亚语。大部分居民信奉天主教。首都罗马。

现行宪法于1947年12月22日由制宪会议通过，1948年1月1日生效。后历经十余次修正，最新一次修正时间是2020年。本书译文依据的是2020年宪法文本。

意大利共和国宪法

（1947年12月22日通过）

基本原则

第3条

第1款 所有公民，无论性别、种族、语言、宗教、政治观点、个人及社会地位，均享有同等的社会尊严且在法律面前一律平等。

第6条

共和国以适当方式保护不同语言的少数民族。

第二编 共和国机构

第四章 司法

第二节 审判规则

第 111 条

第 3 款 在刑事审判中，法律保障被指控人在尽可能短的时间内被谨慎地告知其被指控的性质和理由，并有必要的时间和条件准备其辩护；被告人有权在审判官面前对控诉人进行盘问或被盘问，并有权在与控诉方同等条件下为其辩护召集和盘问有关人员，亦有权获得对其有利的任何一种其他证据形式；若被告人不会讲或不通晓在诉讼中使用的语言时，有权得到翻译的协助。

英　国

英国，国名全称为大不列颠及北爱尔兰联合王国，由英格兰、苏格兰、威尔士和北爱尔兰组成，位于欧洲西部。面积约 24.41 万平方公里（包括内陆水域）。英格兰地区 13.04 万平方公里，苏格兰 7.88 万平方公里，威尔士 2.08 万平方公里，北爱尔兰 1.41 万平方公里。人口约 6,708.1 万（2020 年）。官方语言为英语，威尔士北部还使用威尔士语，苏格兰西北高地及北爱尔兰部分地区仍使用盖尔语。居民多信奉基督教新教（占总人口的 51%），主要分英格兰教会（亦称英国国教、圣公会）和苏格兰教会（亦称长老会）。另有天主教会及伊斯兰教、印度教、锡克教、犹太教和佛教等较大的宗教社团。首都伦敦。

英国是典型的不成文宪法国家。英国宪法由成文法、习惯法、惯例组成，而非单一独立文件。其一系列不成文宪法文件中最重要的是《自由大宪章》（1215 年）、《权利法案》（1689 年）、《人权法》（1998 年）、《议会法》（1911、1949 年）以及历次修改的选举法、市自治法、郡议会法等。政体为君主立宪制。本书节选翻译其中与语言关系最大的《人权法》。

人权法（1998）

（1998年11月9日议会授权女王颁布）

附表

附表1 条款

第一部分 公约权利和自由

第5条 自由和安全的权利

第2款 任何被逮捕的人均应被及时用其理解的语言告知其被逮捕的原因以及对其提出的控告。

第6条 接受公平审判的权利

第3款 被控告刑事犯罪的每个人均享有以下最基本的权利：

第1项 及时详细地以其理解的语言被告知对其提出控告的性质和原因。

第5项 如果他不能理解或将在法庭上使用的语言，应被提供免费的翻译帮助。

第14条 禁止歧视

应当确保列举在《公约》中的个人享有的权利和自由不因以下任何理由受到歧视，诸如性别、种族、肤色、语言、宗教、政治或其他观点、国籍或社会出身，以及一个国家的少数民族、财产、出生或其他身份。

北美洲

安提瓜和巴布达

安提瓜和巴布达，位于东加勒比。面积约442.6平方公里。人口约9.8万（2020年），绝大多数为非洲黑人后裔。英语为官方语言和通用语。多数居民信奉基督教。首都圣约翰。

现行宪法1981年7月31日制定，1981年10月31日正式生效。后无修正。

1981年安提瓜和巴布达宪法法令

（1981年7月31日制定）

第二章　个人基本权利和自由的保护

第5条　个人自由权的保护

第2款　任何人被逮捕或羁押后均应当尽快被以其能通晓的语言，以口头和书面形式告知其被逮捕或羁押的原因。

第15条　确保法律保护的规定

第2款　被指控犯罪的任何人——

第2项　应当尽可能迅速地以其能通晓的语言，以口头和书面形式告知其被指控违法行为的理由。

第6项　应当在不理解该指控之审判中所使用的语言的情形下，无偿获得翻译的协助，同时除非基于本人同意，不得对其进行缺席审判。

第 17 条　根据紧急状态法保护被羁押人的权利

第 1 款　当有人因执行本宪法本章第 16 条提及之紧急状态下被羁押时，将适用如下规定，亦即——

第 1 项　任何案件中，被羁押人应当尽快、在最迟不超过羁押宣告之日起 7 日之内，以其能通晓的语言告知其羁押之详细原因，并向其提供英语书写的记载该原因之书面声明。

第四章　议会

第一节　议会的建立和组成

参议院

第 29 条　参议员的任命资格

除本宪法第 30 条另有规定外，任何人在被任命之时需——

第 3 项　除非由于眼盲或其他生理原因，否则应当具备积极参加参议院会议的流利熟练地说读英语的能力，

——方能有资格被任命为参议员。

众议院

第 38 条　被选为众议院成员的资格

除本宪法第 39 条另有规定外，任何人被选举时需——

第 3 项　除非由于眼盲或其他生理原因，否则应当具备积极参加众议院会议的流利熟练地说读英语的能力，

——方有资格被选举为众议院成员。

巴巴多斯

巴巴多斯，位于东加勒比海小安的列斯群岛最东端。面积约 431 平方公里。人口约 28.8 万（2021 年），其中 90% 以上为黑人后裔，2% 为欧洲移民后裔。英语为官方语言和通用语。居民多信奉基督教。首都布里奇顿。

巴巴多斯宪法于 1966 年 11 月 22 日经巴巴多斯议会通过，1966 年 11 月 30 日生效。后历经十余次修正，最新一次修正时间是 2021 年。本书译文依据的是 2007 年宪法文本。

巴巴多斯宪法

（1966 年 11 月 22 日通过）

第三章　个人的基本权利和自由的保护

第 13 条

第 2 款　任何人被逮捕或拘留后，应尽可能快地以其通晓的语言告知其被逮捕或拘留的理由，并允许其立即自行选择聘请一位法律顾问以及与该法律顾问进行私下的交谈，被聘请者须为具有在巴巴多斯执业资格的律师，聘请的费用由其自行承担；若被逮捕或居留者未满 16 岁，应为其提供合理的机会以与其父母或监护人沟通。

第 6 款　如果某人依据本条第 5 款中所称之法律而被拘留，则以下规定应予适用：

第1项 在对其拘留开始后应尽可能快地，在任何情况下均不应超过5日，以其能理解的语言为其提供一份书面声明，说明其被拘留的理由。

第18条

第2款 每一个被指控犯有刑事罪行的人：

第2项 应在尽可能快的时间内，以其能通晓的语言详细地告知其被指控罪行的性质。

第6项 如果其不能理解庭审中所使用的语言，应允许其免费获得一名翻译的服务。

第22条

第4款 如果一个人的迁徙权因为第3款第1项之规定而受到限制，则下列规定应予适用：

第1项 在对其限制开始后应尽可能快地，在任何情况下不超过5日，以其能理解的语言向其提供一份书面声明，告知其被限制的理由。

巴哈马

巴哈马，国名全称为巴哈马国。巴哈马群岛位于美国佛罗里达州东南、古巴东北海域。陆地面积约13,878平方公里，由700多个岛屿（其中30个岛有人居住）及2400多个珊瑚礁组成，国土总面积（含水域）约25.9万平方公里。人口约38.5万（2021年），其中黑人占90.6%，欧美白人后裔占4.7%，混血种人占2.1%。官方语言为英语。多数居民信奉基督教。首都拿骚。

现行宪法于1973年6月26日经议会批准，1973年7月10日生效。后无修正。

巴哈马国宪法

（1973年6月26日通过）

第三章　个人基本权利与自由的保护

第19条　保护免受任意逮捕或者拘留

第2款　对任何被逮捕或者拘留的人，都应当尽快以其通晓的语言通知其被逮捕或拘留的理由，并应当毫无拖延地准许其根据自己的选择自费聘请法律代理人并与法律代理人进行非公开交流；对于未满18周岁的人，应当向其提供合理的机会以便与其父母或者监护人联系。

第5款 当根据本宪法第29条所规定的法律对个人进行拘留时，应当适用下列规定：

第1项 应当在可行的程度内尽快，且在任何情形下不迟于拘留后的5日内，以其能够理解语言向其提供一份详细说明拘留理由的书面通知。

第20条 确保法律保护的规定

第2款 每个被控刑事犯罪的人——

第2项 应当在合理可行的程度内尽快以其通晓的语言详细告知其被指控罪行的性质。

第6项 当其不能理解审判使用的语言时，应获得免费的翻译协助。

巴拿马

巴拿马，国名全称为巴拿马共和国。巴拿马位于中美洲地峡。面积约7.55万平方公里。人口约436万（2020年）。印欧混血种人占65%，其他依次为非裔12%、欧裔10%、华裔7%、印第安人6%。西班牙语为官方语言。85%的居民信奉天主教。首都巴拿马城。

现行宪法于1972年10月11日由制宪会议通过并生效。后历经1978、1983、1993、1994和2004年修正。本书译文依据的是2004年宪法文本。

巴拿马共和国宪法

（1972年10月11日通过）

第一章　巴拿马国家

第7条

共和国的官方语言为西班牙语。

第二章　国籍与侨民

第10条

如下人员可以申请巴拿马国籍：

第1项　在共和国领土内连续居住满5年的外国人，如在成年后表示愿意加入巴拿马国籍并明确放弃其原有国籍或现有国籍，并证实其掌握西班牙语及有关巴拿马地理、历史和政治的基本知识者。

第三章 个人和社会的权利和义务

第四节 民族文化

第82条

国家将关注西班牙语的保护、传播和纯洁。

第88条

对原住民语言要进行专门研究、保护和传播。国家将在原住民社群中开展双语扫盲计划。

第90条

国家承认和尊重原住民的民族特性，将实施发展其每种文化本身的物质、社会和精神价值的计划，并建立研究、保持和传播他们的文化和语言以及促进这些人群全面发展的机构。

第五节 教育

第100条

教育使用官方语言。但是出于公众需要，法律也可允许在一些学校使用外语。

伯利兹

伯利兹，位于中美洲东北部。面积约 22,966 平方公里。人口约 41.7 万（2020 年）。混血人种和克里奥尔人分别占总人口的 48.7% 和 24.9%，其次还有印第安人、印度人、华人和白人。英语为官方语言，但近半数居民通用西班牙语或克里奥尔语。居民中 49.6% 信奉天主教，25.5% 信奉基督教新教，另有少数伊斯兰教徒。首都贝尔莫潘。

现行宪法于 1981 年 9 月生效。后历经 1985、1988、1999、2001、2005、2008、2010、2011、2016 和 2021 年修正。本书译文依据的是 2011 年宪法文本。

伯利兹宪法

（1981 年 9 月 21 日生效）

第二章　保护基本权利与自由

第 5 条　个人自由的保护

第 2 款　任何被逮捕或被羁押的人有权——

第 1 项　在被逮捕或被羁押后 24 小时内，以其通晓的语言，被迅速告知其被逮捕或被羁押的理由。

第 6 条　法律的保护

第 3 款　任何被指控犯有刑事犯罪的人——

第 2 项　应被尽快合理可行地，以其通晓的语言通知其被指控的犯罪的性质及详情。

第 6 项　若其不理解法庭使用的语言，应被允许无偿接受翻译的帮助。

第 19 条　保护依紧急状态法被羁押的人

第 1 款　当某人被依法羁押，而该项法律授权在紧急状态时期，为应对当时国内的局势采取合理正当的措施时，应适用下列规定——

第 1 项　他应被合理迅速地，并且在任何情况下不得超过自羁押之日起 7 日，以其理解的语言被告知其被羁押的理由，同时应获得一份载明这些理由详情的英语书面通知。

多米尼加

多米尼加，国名全称为多米尼加共和国。多米尼加位于加勒比海大安的列斯群岛中的伊斯帕尼奥拉岛东部。面积约 48,734 平方公里。人口约 1,044.8 万（2020 年）。黑白混血种人和印欧混血种人占 73%，白人占 16%，黑人占 11%。官方语言为西班牙语。90% 以上居民信奉天主教，少数人信奉基督教新教和犹太教。首都圣多明各。

现行宪法于 2015 年 6 月 13 日颁布，2015 年 7 月 10 日生效。[①] 后无修正。

多米尼加共和国宪法

（2015 年 6 月 13 日颁布）

第一章　国家、主权、政府和基本原则

第七节　官方语言和国家标志

第 29 条　官方语言

多米尼加共和国的官方语言为西班牙语。

① 信息来源：多米尼加总统网（consultoria.gov.do），检索日期：2022-10-7。

第二章　基本权利、保障和义务

第一节　基本权利

第一小节　公民权利和政治权利

第39条　平等权

所有人生而自由且在法律面前一律平等，获得各机构、部门和其他人的同等保护和对待，享受同样的权利、自由和机会，不能因为性别、肤色、年龄、残疾、国籍、家庭关系、语言、宗教、政治和哲学信念、社会地位和个人状况等受到歧视。

多米尼克

多米尼克，国名全称为多米尼克国。多米尼克位于东加勒比海向风群岛东北部。面积约 751 平方公里。人口约 7.2 万（2020 年）。主要为黑人和黑白混血种人。官方语言英语。居民多数信奉天主教，少数信奉新教。首都罗索。

现行宪法于 1978 年 7 月 25 日英国枢密院颁布，1978 年 11 月 3 日独立时生效。后历经 1983、1984 和 2014 年修正。本书译文依据的是 2014 年宪法文本。

多米尼克国宪法

（1978 年 7 月 25 日颁布）

第一章　基本权利和自由的保护

第 3 条　保护人身自由权

第 2 款　在任何人被逮捕或拘留后 24 小时之内立即用其通晓的语言通知其被逮捕或拘留的原因。

第 8 条　确保法律保护的规定

第 2 款　被指控犯罪者：

第 2 项　应尽快得到通知，通知使用该人通晓的语言详细说明所指控罪行的性质。

第 6 项　如其不理解审判中使用的语言应由译员提供无偿翻译。

第 15 条　紧急状态法实施下对被拘留人的保护

第 1 款　如果根据本宪法第 14 条被拘留者，适用下列法律的规定：

第 1 项　应该尽快并且无论如何在其被拘留后不超过 7 日，以被拘留者理解的书面语言详细通知其被拘留的原因。

第三章　议会

第一节　议会的设立

第 31 条　众议员和参议员的资格

第 1 款　根据本宪法第 32 条的规定，在下述条件下，一个人有资格被选为众议员，否则无资格：

第 3 项　除非失明或者其他身体原因，能够熟练讲和阅读英语以使其能够积极参与国民议会的活动。

第 2 款　根据本宪法第 32 条的规定，在下述条件下，一个人有资格被选为或被委任为参议员，否则无资格：

第 3 项　除非失明或者其他身体原因，能够熟练讲和阅读英语以使其能够积极参与国民议会的活动。

格林纳达

格林纳达，位于东加勒比海向风群岛最南端。面积约 344 平方公里。人口约 11.3 万（2020 年），黑人约占 82%，混血人占 13%，白人及其他人种占 5%。英语为官方语言和通用语。居民多信奉天主教。首都圣乔治。

现行宪法于 1973 年 12 月 19 日制定，1974 年 2 月 7 日生效。1979 年 3 月 13 日因内乱停止实施，1991 年恢复实施。后经 1992 年修正。本书译文依据的是 1992 年宪法文本。

格林纳达宪法

（1973 年 12 月 19 日制定）

第一章　保护基本权利和自由

第 3 条　保护个人自由权利

第 2 款　任何被拘留或逮捕的人，都应尽可能迅速地以其通晓的语言被合理告知其被拘留或逮捕的原因。

第 8 条　确保法律保护的规定

第 2 款　每位被指控犯罪的人：

第 2 项　应尽快用合理可行的方式以其通晓的语言详细告知其被指控罪行的性质。

第6项　如果其不理解审判过程中的语言，应被允许获得免费的翻译帮助。

第15条　保护紧急状态法下被羁押的人

第1款　根据宪法第14条所述及羁押某人的有关法律，应遵循下述规定：

第1项　自对其实施羁押开始不超过7日，要有合理的理由并采取相关措施，特别是在羁押时，要使用此人理解的语言，将羁押或限制的理由充分详细地以书面的形式对其进行告知。

第三章　议会

第一节　议会的组成

参议院

第25条　参议员任职资格

根据宪法第26条的规定，符合以下条件者应有资格被选举为参议院议员，或不应具有被选举资格，除非其——

第3项　除了不会盲文或其他身体原因，能够非常流利地说、读英语，能够积极地参与参议院的相关活动。

众议院

第30条　众议员任职资格

依据宪法第31条的规定，符合以下条件者应有资格被选举为众议院议员，或不应具有被选举资格，除非其——

第3项　除了不会盲文或其他身体原因，能够非常流利地说、读英语，能够积极地参与众议院的相关活动。

哥斯达黎加

哥斯达黎加，国名全称为哥斯达黎加共和国。哥斯达黎加位于中美洲南部。面积约 51,100 平方公里。人口约 511.12 万（2020 年）。白人和印欧混血种人占 95%，黑人占 3%，印第安原住民约 0.5%，其他民族占 1.5%。西班牙语为官方语言。95% 的居民信奉天主教。首都圣何塞。

现行宪法于 1949 年 11 月 7 日国民制宪大会颁布，1949 年 11 月 8 日生效。后历经三十余次修正，最新一次修正时间是 2020 年。本书译文依据的是 2020 年宪法文本。

哥斯达黎加共和国宪法

（1949 年 11 月 7 日通过）

第二章　哥斯达黎加国民

单节

第 15 条[①]

第 1 款　凡申请入籍者，须证明自己品行端正，有公共知晓的谋生职业或手段，能说、写、读西班牙语，了解本国历史，通过综合的

① 根据 1987 年 5 月 21 日第 7065 号法案修正。

共和国历史和价值观测试，并须保证居住在共和国内，发誓遵守共和国的法律。

第七章　教育与文化

单节

第76条[①]

西班牙语是共和国的官方语言。但是，共和国致力于保存和发展原住民语言。

① 根据1975年6月6日第5703号法案第2条修正，后被1999年5月22日第7878号法案第1条再次修正。

古　巴

古巴，国名全称为古巴共和国。古巴位于加勒比海西北部墨西哥湾入口。面积约109,884平方公里。人口约1,147.2万（2020年）。城市人口占75%。白人占总人口约66%，黑人占11%，混血人种占22%，华人占1%。西班牙语为官方语言。主要信奉天主教、非洲教、新教、古巴教、犹太教等。首都哈瓦那。

现行宪法于2019年2月经由古巴全民公投通过，2019年4月颁布实施。后无修正。

古巴共和国宪法

（2019年2月通过）

第一编　政治基础

第一章　国家基本原则

第2条

第1款　古巴的国名是古巴共和国，官方语言是西班牙语，首都为哈瓦那。

海　地

海地，国名全称为海地共和国。海地位于加勒比海北部。面积约2.78万平方公里。人口约1,150万（2020年）。95%为黑人。官方语言为克里奥尔语和法语[①]，90%的居民使用克里奥尔语。80%的居民信奉天主教，16%的居民信奉新教，农村中盛行伏都教。首都太子港。

现行宪法于1987年3月29日经全民公决通过。后经2012年修正。本书译文依据的是2012年宪法文本。

海地共和国宪法

（1987年3月29日通过）

序言

海地人民：

（五）通过接受相同的语言和文化，通过承认全体公民的进步权、信息权、教育权、健康权、劳动权和休息权，来消除城乡人口之间的一切差别，以便巩固民族统一。

……

特颁布本宪法。

---

① 平时常用“海地克里奥尔语”。

第一编 海地共和国及其国徽和象征

第一章 海地共和国

第5条

所有海地人的共同语言是克里奥尔语。共和国的官方语言为克里奥尔语和法语。

第三编 公民的基本权利和义务

第二章 基本权利

第二节 人身自由

第24条

为使上述命令得以执行，应当：

第1项 以克里奥尔语和法语正式说明逮捕或拘留的原因以及对其犯罪行为实施处罚所依据的法律条款。

第九节 知情权

第40条

国家有义务用克里奥尔语和法语以口头、书面和电视的新闻形式来公布法律、命令、法令、国际协定、条约和一切有关国民生活的信息，但涉及国家安全的信息除外。

第六编 独立机构

第五章 大学、科学院和文化

第213条

建立一所海地科学院以确立标准克里奥尔语并使其得到科学和谐地发展。

洪都拉斯

洪都拉斯，国名全称为洪都拉斯共和国。洪都拉斯位于中美洲北部。面积约 11.25 万平方公里。人口约 945.07 万（2020 年）。印欧混血种人占 90%，其他依次为印第安人 7%、非裔 2%、欧裔 1%。西班牙语为官方语言。95.8% 的居民信奉天主教。首都特古西加尔巴。

现行宪法于 1982 年 1 月 11 日由国民制宪大会颁布，1982 年 1 月 20 日生效。后历经二十余次修正，最新一次修正时间是 2021 年。本书译文依据的是 2013 年的宪法文本。

洪都拉斯共和国宪法

（1982 年 1 月 11 日颁布）

第一章　国家

第一节　国家组织

第 6 条

洪都拉斯的官方语言是西班牙语。国家应保持其纯正并扩大其教学。

加拿大

加拿大位于北美洲北部，面积约998万平方公里。人口约3,853万（2022年3月），主要为英、法等欧洲后裔，原住民约占3%，其余为亚洲、拉美、非洲裔等。英语和法语同为官方语言。居民中信奉天主教的占45%，信奉基督教的占36%。首都渥太华。

加拿大主要的宪法文件是《1867年宪法法》和《1982年宪法法》。后历经三十余次修正，最新一次修正时间是2011年。本书译文依据的是2011年宪法文本。

1867年宪法法

（1867年3月29日生效）

第九章　杂项规定

第一节　一般规定

第133条　英语和法语的使用

第1款　英语或法语可以在加拿大议院和魁北克立法机构的议院辩论中被任何人使用；两种语言应该分别被使用于这些议院的记录和出版物中；每一种语言可以被任何人或在任何辩护或根据本法建立的加拿大任何法院程序中所使用，以及在魁北克任何法院程序中使用。

第2款　加拿大议会以及魁北克立法机构的法律应该用两种语言

印刷和出版。

1982 年加拿大宪法法

（加拿大参议院和众议院制定，英国议会批准，1982 年 4 月 17 日生效）

第一章　加拿大权利与自由宪章

第五节　法律权利

第 14 条　翻译

当事人或者证人如果在诉讼程序中不理解或者不会讲诉讼程序中所使用的语言或者是聋人，有权获得翻译人员的帮助。

第七节　加拿大的官方语言

第 16 条

第 1 款　加拿大的官方语言

加拿大的官方语言是英语和法语，二者在加拿大议会和政府中的使用具有平等的地位、权利和待遇。

第 2 款　新不伦瑞克[①]的官方语言

新不伦瑞克的官方语言是英语和法语，二者在新布伦瑞克议会和政府中的使用具有平等的地位、权利和待遇。

第 3 款　地位和使用上的促进

本宪章中的任何规定不能限制议会或者一省的立法机关促进英语和法语地位平等或平等使用的权力。

---

① 1864 年，安大略、魁北克、纽芬兰、爱德华王子岛、新斯科舍、新不伦瑞克举行会议，探讨建立联邦事宜，最后安大略、魁北克、新不伦瑞克和新斯科舍，组成联邦自制领，1867 年 7 月 1 日英国议会通过《英属北美法》，由上、下加拿大、新斯科舍省和新不伦瑞克省联合成立了联邦制国家—加拿大自制领。它是比较大的法语区。

第16条之一

第1款 新不伦瑞克英语和法语的语言社区

新不伦瑞克的英语社区和法语社区有平等的地位和平等的权利和待遇，包括各有划分教育机构的权利，且这种不同的文化机构划分是为保存和促进这些社区所必需的。

第18条

第1款 议会的制定法[①]和记录

议会的制定法、记录和刊物，用英语和法语印刷和出版，两种语言文本具有同样的权威性。

第2款 新不伦瑞克制定法和记录

新不伦瑞克立法机关的制定法、记录和刊物，用英语和法语印刷和出版，两种语言文本具有同样的效力。

第20条

第1款 民众和联邦机构的沟通

在加拿大，任何民众都有权使用英语或者法语同加拿大政府或议会的某一机构的总部或者中央办事机构沟通，且从其获得便利的服务；亦有同样权利在下述情况下与政府或议会的任何其他办事机构沟通：

第1项 有使用一种语言同某一机构沟通及得到服务的重大需要。

第2项 由于该机构的性质，使用英语和法语两种语言同该机构沟通和获得服务是合理的。

第2款 民众和新不伦瑞克机构的沟通

在新不伦瑞克，任何民众都有权使用英语或者法语同新不伦瑞克政府或议会的某一机构的总部或者中央办事机构沟通，且从其获得便

---

① 也可称为“成文法”。

利的服务。

第21条　现行宪法规定继续有效

本法第16条至第20条的规定，不得废除或者减损加拿大宪法任何其他条款所规定的有关英语和法语使用的权利、待遇或者义务。

第22条　保留权利和待遇

本法第16条至第20条的规定，不得废除或者减损在本宪章生效之前或者之后，英语或法语之外的其他语言获得的，或者享有的任何法律上或者惯例上的权利或者待遇。

第八节　少数民族语言教育的权利

第23条　教育语言

第1款　教育语言

加拿大公民：

第1项　如果其学习且掌握的第一语言是其所居住的省份中作为少数人口所讲的英语或法语；或者

第2项　其已在加拿大接受了英语或法语的初等教育，且在其居住的省份，其获得教育的语言是该省作为少数人口所讲的英语或法语，则他们有权让自己的子女在该省接受以该种语言进行的初等和中等学校教育。

第2款　教学语言的连续

加拿大公民的任一子女在加拿大已经接受或者正在接受以英语或者法语进行的初等或者中等学校教育，有权利让其所有子女接受以同种语言进行的初等和中等教育。

第3款　当数量许可时的适用

根据本条第1款和第2款，加拿大公民有使其子女接受某一省作为少数人口所讲的英语或者法语进行初等和中等教育的权利：

第 1 项　适用于在该省享有此项权利的公民的子女的数量足够多时，保证以公共资金提供少数人口语言教育。

第 2 项　包括，当这些儿童的数量有保证时，有要求用公共资金提供进行少数人口语言教育的设施的权利。

第五章　加拿大宪法修改程序

第 41 条　无异议的修正案

涉及下列事项的加拿大宪法修正案，在参议院和众议院以及每个省的立法大会以决议批准后，即可以由总督以盖有加拿大国玺颁布的公告制定：

第 3 项　根据第 43 条的规定，英语或法语的使用。

第 43 条　涉及某些省的宪法修正案

只要参议院的决议、众议院的决议和适用该宪法修正案的各个省的立法大会以决议批准，总督可以以盖有加拿大国玺颁布的公告，制定适用于单个或几个省的加拿大宪法修正案，包括：

第 2 项　在一个省内使用英语或法语的相关规定的修正案。

墨西哥

墨西哥，国名全称为墨西哥合众国。墨西哥位于北美洲南部。面积约196.44万平方公里。人口约1.28亿（2020年）。印欧混血人和印第安人占总人口的90%以上。西班牙语为主要使用语言。88%的居民信奉天主教，5.2%信奉基督教新教。首都墨西哥城。

1917年1月31日由制宪会议制定，1917年2月5日官方公报公布《墨西哥合众国宪法》。后历经七十余次修正，最新一次修正时间是2020年。本译文依据的是2015年宪法文本。

墨西哥合众国宪法

（1917年1月31日制定）

第一章

第一节　人权和保障

第2条

第5款　原住民的自决权应符合宪法的规定，以保障国家统一。各州和联邦特区宪法和法律必须考虑到前段所规定的一般原则，以及民族语言和土地标准，承认原住民及其社群。

第1项　本宪法承认和保护原住民及其社群对下列事项的自决权和自治权：

第 4 目　保存和发扬他们的语言、知识和所有构成其文化和身份的因素。

第 8 目　完全参与国家的司法管辖。为保护该权利，在涉及原住民个人或集体的所有审判程序中，应考虑其习俗和文化，尊重本宪法规定的条款。原住民在任何时候都有权获得熟悉其语言和文化的翻译者和律师的协助。

尼加拉瓜

尼加拉瓜，国名全称为尼加拉瓜共和国。尼加拉瓜位于中美洲地区中部。面积约13.04万平方公里。人口约662.4万人（2020年）。印欧混血种人占69%，白人17%，黑人9%，印第安人5%。西班牙语为官方语言。居民多信奉天主教。首都马那瓜。

现行宪法于1986年8月18日由国民大会通过，1987年1月9日生效。后历经1994、1995、2000、2004、2005、2007、2010和2014年修正。本书译文依据的是2014年宪法文本。

尼加拉瓜共和国宪法

（1986年8月18日通过）

第二章　关于国家

单节

第11条

西班牙语是国家的官方语言。尼加拉瓜大西洋沿岸社群的语言在法律规定的情况下也可用作官方语言。

第四章　尼加拉瓜人民的权利、义务和保障

第一节　个人权利

第27条

第1款　法律面前人人平等并有权受到同等保护。不论血统、国

籍、政治信仰、种族、性别、语言、宗教、见解、出身、经济地位或社会条件，一律不受歧视。

第 33 条

除非按法律规定进行的法律程序，不得对任何人滥加逮捕或拘禁或剥夺其自由。因此：

第 2 项　所有逮捕者有下列权利：

第 1 目　立即以其通晓的语言被详尽告知其被捕原因和控罪；由警方告知其被捕，由其告知其家庭或其认为合适的人其已被捕；其人类与生俱来的尊严应该受到尊重。

第 34 条

所有被告至少具有如下获得保障的同等权利：

第 6 项　若被告人不理解或不讲法庭使用的语言，应免费为其提供翻译帮助。

第六节　大西洋沿岸社群的权利

第 90 条

大西洋沿岸社群有权自由表达和保持其语言、艺术和文化。通过文化及价值的发展丰富民族文化。国家将制定特别计划实施这些权利。

第 91 条

国家有义务颁布法律来保障任何一个尼加拉瓜人，不会因为语言、文化和出身而遭受歧视。

第七章　教育与文化

独节

第 121 条

受教育对所有尼加拉瓜人都是自由平等的。小学教育在公立学校是免费的、义务的。中学教育在公立学校免费进行，不排除家长自愿捐款。任何人不得因经济原因以任何形式被排除在公立学校之外。依照法律，原住民和大西洋沿岸社群的居民，有权在其本地接受母语教育。

第128条

国家保护本国考古、历史、语言和文化艺术遗产。

第九章　行政管理政策

第二节　大西洋沿岸社群

第180条

第4款　同样地，国家也保障对其文化、语言、宗教和习惯的保护。

第十一章　最终和临时规定

单节

第197条

本宪法以本国官方语言广泛宣传，也将以大西洋沿岸社群的语言广泛宣传。

萨尔瓦多

萨尔瓦多，国名全称为萨尔瓦多共和国。萨尔瓦多位于中美洲北部。面积约 2.104 万平方公里。人口约 670.5 万（2019 年）。印欧混血人占 86%，欧洲人后裔占 13%，印第安人占 1%。西班牙语为官方语言。75% 以上居民信奉天主教。首都圣萨尔瓦多市。

现行宪法于 1983 年 12 月 16 日官方公报公布，1983 年 12 月 20 日生效。后历经 1991、1992、1993、1994、1996、1999、2000、2003、2009 和 2014 年多次修正。本书译文依据的是 2014 年宪法文本。

萨尔瓦多共和国宪法

（1983 年 12 月 16 日公布）

第二编　个人权利与基本保障

第二章　社会权利

第三节　教育、科学和文化

第 62 条

第 1 款　萨尔瓦多的官方语言是西班牙语。国家应关注其传承和教学。

第 2 款　共和国领域内使用的本土语言构成文化传统的一部分，应保存、传播与尊重本土语言。

圣基茨和尼维斯

圣基茨和尼维斯，国名全称为圣基茨和尼维斯联邦。圣基茨和尼维斯位于东加勒比海背风群岛北部。面积约267平方公里。人口约5.7万（2020年）。黑人占94%，另有少量英国、葡萄牙和黎巴嫩裔。官方语言英语。居民多为英国圣公会[①]教徒，也有新教徒和天主教徒。首都巴斯特尔。

现行宪法于1983年独立时生效。后无修正。

圣基茨和尼维斯联邦宪法

（1983年9月19日生效）

第二章　保护基本权利和自由

第5条　保护人身自由权利

第2款　任何人被逮捕或拘留后，应尽快在48小时之内以其通晓的语言，告知其被逮捕或被拘留的原因，提供便利使其与自己选择的律师进行私下联系和磋商，如未满18岁则与父母或监护人磋商。

第10条　确保法律保护的规定

第2款　任何受到刑事犯罪指控的人：

---

① 亦译“英国国教会”“英格兰国教会”“英格兰圣公会”“英国教会”。

第 2 项　应尽快被以其通晓的语言，告知其被指控的罪行的性质。

第 6 项　如其不理解在审讯中使用的语言，则允许免费得到翻译的帮助。

第 17 条　被监禁者第 5 条权利克减的保障

第 1 款　如果根据第 16 条规定，任何人在紧急状况下被监禁而克减第 5 条所赋予权利时，适用下列规定：

第 1 项　应该尽快并且无论如何在其被拘留后 7 日内，以被拘留者能理解的语言详细告知其被拘留原因，并附上详尽地拘留原因的英语说明。

圣卢西亚

圣卢西亚，位于东加勒比海向风群岛中部。面积约616平方公里。人口约18.4万人（2020年）。约85%为黑人，约10%为黑白混血人种，另有少数白人。英语为官方语言和通用语。当地居民普遍讲帕图阿语（Patois，亦称克里奥尔语）。居民多信奉罗马天主教。首都卡斯特里。

现行宪法于1978年12月20日由圣卢西亚议会制定，1979年2月22日独立时生效。后无修正。

圣卢西亚宪法

（1978年12月20日由圣卢西亚议会制定）

第一章　保护基本权利和自由

第3条

第2款　任何人被逮捕或拘留后，无论如何都应该在24小时内，以其通晓的语言，告知其被逮捕或拘留的理由并且能够为其提供进行私人沟通的合理设备，使其可以与其选择的法律执业者咨询；如果是未成年人，应该是他的父母、监护人。

第8条

第2款　每一被指控犯罪的人：

第 2 项　应尽快以合理、可行的方式并以他通晓的语言详尽告知其被指控的罪行的性质。

第 6 项　如果他不理解审判中使用的语言，应允许其获得免费的翻译帮助。

第 15 条

第 1 款　对于根据宪法第 14 条被羁押的人，应该遵循下述规定：

第 1 项　自对其开始实施羁押起不超过 7 日，应以其理解的语言向其告知其被拘留的理由，以及向其出示一份英语的书面声明详细说明理由和细节。

第三章　议会

第一节　议会的组成

参议院

第 25 条

不属于宪法第 26 条规定的情形，并且具有以下资格的，才能被任命为参议员：

第 3 项　除非因失明或其他身体原因而导致障碍，能够非常流利地说、读英语，能够积极参与参议院的活动。

众议院

第 31 条

根据宪法第 32 条的规定，除非具有以下资格，不得被任命为众议院成员：

第 3 项　除非因失明或其他身体原因而导致障碍，能够非常流利地说、读英语，能够积极参与众议院的活动。

圣文森特和格林纳丁斯

圣文森特和格林纳丁斯，位于小安的列斯群岛南部。面积约 389 平方公里。人口约 11 万（2020 年）。其中黑人占 66%，混血人种占 19%。英语为通用语言。居民多信奉基督教新教和天主教。首都金斯顿。

现行宪法于 1979 年 7 月 26 日由议会制定，同年 10 月 27 日独立时生效。后无修正。

圣文森特和格林纳丁斯宪法

（1979 年 7 月 26 日制定）

第一章　基本权利和自由的保护

第 3 条　个人自由的保护

第 2 款　任何被逮捕或拘留之人在其被逮捕或拘留后的 24 小时内，以其通晓的语言被告知逮捕或拘留的理由，并且为该人与其选定的法律执业者进行私人沟通和咨询提供合理便利，如果该人为未成年人，还应为其与父母或监护人进行私人沟通和咨询提供合理便利。

第 8 条　确保获得法律保护的规定

第 2 款　任何受刑事指控之人：

第 2 项　在尽可能迅速的情况下以其通晓的语言被详细告知其被

指控的犯罪性质。

第 6 项　如果其不理解审判所使用的语言，应被允许其免费获得翻译人员的帮助。

第 15 条　在紧急状态法下对被羁押人的保护

第 1 款　依据本宪法第 14 条有关的法律，任何人被羁押应适用以下规定：

第 1 项　应在其受羁押之日起 7 日内，尽快以其理解的语言告知其被羁押的理由，并向其提供一份详细的英语书面声明。

第三章　议会

第一节　议会的组成

第 25 条　众议员和参议员的资格

第 1 款　根据本宪法第 26 条的规定被选举为众议员的人才具备资格，当且仅当他：

第 3 项　除非因为失明或身体原因导致丧失语言及阅读能力，否则应具备熟练地说、读英语的能力，以便能够积极参与议院的活动。

特立尼达和多巴哥

特立尼达和多巴哥，国名全称为特立尼达和多巴哥共和国。特立尼达和多巴哥位于加勒比海小安的列斯群岛的东南端。面积约5,128平方公里。人口约140.3万（2020年）。印度裔和非洲裔为两大主要族裔，分别占总人口约35.4%和34.2%，其余为混血人种、欧洲人、阿拉伯人后裔及华人。英语为官方语言和通用语。居民多信奉基督教新教、天主教、印度教，少数信奉伊斯兰教等。首都西班牙港。

现行宪法于1976年3月29日特立尼达和多巴哥议会通过，1976年8月1日生效。后历经十余次修正，最新一次修正时间是2007年。本书译文依据的是2007年宪法文本。

特立尼达和多巴哥共和国宪法

（1976年3月29日通过）

第一章　承认和保护基本人权和自由

第一节　神圣的权利

第5条　对权利和自由的保护

第2款　不得违反本条第1款内容，但是按照本章以及第54条规定，议会不得：

第7项 在当事人不理解或不会说英语时，剥夺个人在起诉中，或作为当事人或作为证人参与法院、委员会、理事会或其他法庭程序中得到翻译帮助的权利。

危地马拉

危地马拉，国名全称为危地马拉共和国。危地马拉位于中美洲西北部。面积约 10.89 万平方公里。人口约 1,685.8 万（2020 年）。印第安人占 41%，其余为印欧混血种人和欧洲移民后裔。西班牙语为官方语言。70% 的居民信奉天主教，20% 的居民信奉基督教新教。首都危地马拉城。

现行宪法于 1985 年 5 月经国民议会通过,1986 年 1 月 14 日生效。后经 1986 和 1993 年修正。本书译文依据的是 1993 年宪法文本。

危地马拉共和国宪法

（1985 年 5 月通过）

第二编　人权

第二章　社会权利

第二节　文化

第 58 条　文化认同

个人和社会有权依据其价值观、语言和风俗习惯使其文化特征受到认同。

第三节　原住民社群

第 66 条　对原住民群体的保护

危地马拉是由各民族共同组成的国家，其中包括属于玛雅人后裔的原住民。国家承认、尊重并发展其生活方式、风俗习惯、传统、社会组织形态、民族服饰、语言和方言。

第四节　教育

第 76 条　教育体系和双语教学

第 2 款　在原住民聚居区开办的学校中，教学应尽可能以双语形式进行。

第三编　国家

第一章　国体与政体

第 143 条　官方语言

危地马拉的官方语言为西班牙语。各种地方语言都是民族文化遗产的组成部分。

第八编　过渡性规定

单章　过渡性规定和最终规定

第 18 条　宪法的宣传

在宪法生效当年，即应以基切语、马姆语、卡克奇克尔语和凯克奇语广泛宣传。

牙买加

牙买加，位于加勒比海西北部。面积约10,991平方公里。人口约296.9万（2020年）。黑人和黑白混血种人占90%以上，其余为印度人、白人和华人。官方语言为英语。多数居民信奉基督教，少数人信奉印度教和犹太教。首都金斯敦。

现行宪法于1962年7月23日由英国女王枢密院制定，至1962年8月6日生效。后历经十余次修正，最新一次修正时间是2017年。本书译文依据的是2015年宪法文本。

牙买加宪法

（1962年7月23日制定）

第三章　基本权利和自由

第14条　保护个人的自由权利

第2款　凡被逮捕或拘留的人均有权：

第2项　在被逮捕或拘留时应当尽快以其通晓的语言获知其被逮捕或拘留的原因。

第3项　立即以他所能通晓的语言获知被指控的犯罪性质。

第16条　保护正当程序权

第6款　对每个被指控犯罪的人：

第 1 项　应在合理可行的范围内以其通晓的语言尽快告知被指控的犯罪的性质。

第 5 项　如果其不理解或不会说法庭上所使用的语言，可以获得免费的翻译服务。

南美洲

阿根廷

阿根廷，国名全称为阿根廷共和国，位于南美洲东南部。面积约278.04万平方公里（不含马尔维纳斯群岛和阿主张的南极领土）。人口约4,537.7万（2020年），白人和印欧混血种人占95%，白人多属意大利和西班牙后裔；印第安人口约60.03万，其中人口最多的为马普切人。官方语言为西班牙语。76.5%的居民信奉天主教，9%的居民信奉新教（2008年宗教普查）。首都布宜诺斯艾利斯。

1853年第一部宪法经制宪国民大会批准并生效。后经1994年修正。本书译文依据的是1994年宪法文本。

阿根廷共和国宪法

（1853年5月1日通过）

第二部分　国家权力

第一编　联邦政府

第一章　立法权

第四节　国会职权

第75条

国会有下列职权：

第 17 项 尊重阿根廷原住民固有的民族与文化。

确保尊重他们的特性和双语、跨文化的教育；明确其社群、社群资产、传统上其占领地区土地所有权的合法地位；管理为足够人群发展而给予的其他土地；保障其不被买卖、交易、遭受扣押或其他额外条款。确保他们能参加到与其相关的自然资源事务以及其他事务中去。各省将共同行使这些权力。

巴拉圭

巴拉圭，国名全称为巴拉圭共和国。巴拉圭是南美洲的内陆国家。面积约40.68万平方公里。人口约725.3万（2020年），95%为印欧混血种人，其余为印第安人和白种人。官方语言为西班牙语和瓜拉尼语。89.6%的居民信奉天主教。1.8%的居民是原住居民。首都亚松森。

现行宪法于1992年6月20日经制宪大会通过并颁布。后经2011年修正。本书译文依据的是2011年宪法文本。

巴拉圭共和国宪法

（1992年6月20日通过）

第一部分　基本原则、权利、义务和保障

第二编　权利、义务和保障

第二章　自由

第12条　拘留和逮捕

除非根据有权机关签发的书面命令，任何人不得被拘留和逮捕，但可能被判处监禁的现行犯除外。任何被逮捕者皆享有下列权利：

第4项　若情况需要，被拘禁人可以要求翻译人员协助。

第七章 关于教育和文化

第77条 关于母语教学

第1款 初等教育期间学生将学习其官方母语[①]，共和国有两种官方语言被列入学习科目中。

第2款 不以共和国官方语言作为官方母语的少数民族，须在两种官方语言中择一个学习。

第二部分 关于共和国的政体

第一编 民族与国家

第一章 通则

第140条 关于语言

第1款 巴拉圭是一个有着多元文化的双语国家。

第2款 国家的官方语言为西班牙语和瓜拉尼语，其使用方式依法律规定。原住民语言及其他少数民族语言是国家文化遗产的一部分。

第五编 最后条款与过渡办法

第18条

第1款 行政机关须即刻安排印刷1万份以西班牙语和瓜拉尼语为官方文本的宪法。

第2款 当文义有疑义时以西班牙语文本为准。

① 官方母语（official native language）指作为母语使用的共和国官方语言。

巴　西

巴西，国名全称为巴西联邦共和国，位于南美洲东部。面积约851.49万平方公里，人口约2.1亿（2020年）。白种人占53.74%，黑白混血种人占38.45%，黑种人占6.21%，黄种人和印第安人等占1.6%。官方语言为葡萄牙语。64.6%的居民信奉天主教，22.2%的居民信奉基督教福音教派。首都巴西利亚。

1988年9月22日制宪会议通过新宪法，同年10月5日颁布实施。后历经二十余次修正，最新一次修正时间是2021年。本书译文依据的是2017年宪法文本。

巴西联邦共和国宪法

（1988年9月22日通过）

第二编　基本权利和保障

第三章　国籍

第12条

符合以下条件者，为巴西公民：

第2项　归化入籍：

第1目　满足法律规定条件者即可取得巴西国籍；而对于出生在葡萄牙语国家的公民，只要在巴西连续居住满1年且具有良好的道德品质，即可取得巴西国籍。

第13条

葡萄牙语是官方语言。

第八编　社会秩序

第三章　教育、文化和体育

第一节　教育

第210条

为初等教育设置最少的教学课程，以此保障公共的基础教育，并尊重国家及地方的文化和艺术价值观念。

第2项　葡萄牙语应为普通初等教育的官方语言，但同时保障原住民社群可使用自己的母语及其自身的学习程序进行教育。

第八章　印第安人

第231条

印第安人的社会组织、风俗、语言、信仰和传统得到承认，并确保传统上被其占领土地的所有权。联邦有责任划定这些土地，并对印第安人的所有资产予以保护和尊重。

秘　鲁

秘鲁，国名全称为秘鲁共和国，位于南美洲西部，面积约1,285,216平方公里。人口约3,297.2万（2020年），居拉美第五位。其中印第安人占45%，印欧混血种人占37%，白人占15%，其他人种占3%。官方语言为西班牙语，一些地区通用克丘亚语、阿伊马拉语和其他30多种印第安语。96%的居民信奉天主教。首都利马。

现行宪法于1993年12月29日由民主立宪大会批准，1993年10月31日由公民投票通过，同年12月31日生效。后历经十余次修正，最新一次修正时间是2021年。本书译文依据的是2021年宪法文本。

秘鲁共和国宪法

（1993年10月31日通过）

第一章　人和社会

第一节　人的基本权利

第2条

所有人均有以下权利：

第2项　法律面前人人平等的权利。所有人都不因出身、种族、性别、语言、宗教、见解、经济状况或任何其他原因而受到歧视。

第19项　每个秘鲁人均有权在当局面前通过翻译使用属于自己

的语言。外国人在被任何机构传唤时同样享有此项权利。

第二节 社会和经济权利

第17条

第4款 国家确保扫除文盲，并可根据各地实际情况鼓励双语和跨文化的教育，确保整个国家文化和语言的多样性，促进民族融合。

第二章 政府和国家

第一节 政府、国家和领土

第48条

共和国的官方语言为西班牙语，但依据法律规定，克丘亚语、阿伊马拉语和其他本土语言，在作为当地主要语言时也可作为官方语言使用。

玻利维亚

玻利维亚，国名全称为多民族玻利维亚国。玻利维亚位于南美洲中部的内陆国家。面积约109.8万平方公里。人口约1,142.7万。印第安人占54%，印欧混血种人占31%，白人占15%。官方语言为西班牙语和其他36种少数民族语言和原住民语言。多数居民信奉天主教。政府、议会所在地拉巴斯，法定首都（最高法院所在地）苏克雷。

2009年1月25日，玻利维亚举行新宪法公投并获得通过。后无修正。

多民族玻利维亚国宪法

（2009年1月25日通过）

第一部分　国家基础：权利、义务和保障

第一章　国家基础

第一节　国家形式

第1条

玻利维亚是一个统一的多民族社会国家，自由、独立、主权、民主、跨文化、分散和自治。玻利维亚建立在政治、经济、司法、文化和语言的多元性基础上。

第 5 条

第 1 款　国家的官方语言为西班牙语以及如阿伊马拉语、阿劳纳语、鲍雷语、贝斯若语、卡尼查纳语、卡维内诺语、卡尤瓦瓦语、查科瓦语、奇曼语、埃斯-埃贾语、瓜拉尼语、瓜拉苏维语、瓜拉尤语、伊托纳马语、莱科语、马查于亚-卡拉瓦亚语、马奇内尼语、马罗帕语、莫杰诺-特利塔利奥语、莫杰诺-伊格纳西阿诺语、莫雷语、莫塞特内语、莫维马语、帕卡瓦拉语、普基纳语、克丘亚语、西里奥诺语、塔卡纳语、塔皮埃特语、托罗莫纳语、乌鲁奇帕亚语、维恩哈耶克语、雅米纳瓦语、尤基语、尤拉卡雷语和萨穆科语等少数民族语言和原住民语言。

第 2 款　国家各级政府和政府各部门必须使用至少两种官方语言。其中一种语言必须是西班牙语，另一种语言在考虑该地区使用方便的情况下，根据当地需求和喜好决定。自治政府必须使用其领土上的语言，其中之一必须是西班牙语。

第二节　国家原则、价值观与目标

第 9 条

以下目标和基本功能作为宪法和法律的补充：

第 2 项　保障个人、民族、人群和社群的福利、发展、安全和保护以及平等的尊重，促进相互尊重以及同一文化内部、不同文化之间和不同语言群体之间的对话。

第二章　基本权利和保障

第一节　总则

第 14 条

第 2 款　国家禁止和惩罚基于一切原因的歧视形式，如基于性别、肤色、年龄、性取向、性别认同、出身、文化、国籍、公民身份、语言、宗教信仰、意识形态、政治派别或政治哲学、公民地位、经济或社会地位、职业、教育、残障、怀孕等原因的歧视，造成或企图造成其无法得到承认、享受和行使宪法赋予的人人应享有的权利。

第四节　少数民族及原住民族的权利

第30条

第1款　在早期西班牙殖民者入侵原住民族土地之前，原住民族就存在对自身文化、语言、历史传统、制度、领土和世界观的集体认同。

第2款　在国家统一框架下且与本宪法相符的条件下，少数民族及原住民族享有以下权利：

第9项　对其常识和传统知识、传统医药、语言、仪式、特征符号及其服饰的保留、尊重和推广。

第12项　在整个教育系统中推行跨文化、自身文化和多种语言教学。

第五节　社会及经济权利

第八分节　残障人士的权利

第70条

所有残障人士均享有以下权利：

第3项　使用可替代语言的沟通方式。

第六节　教育、文化多样性及文化权利

第一分节　教育

第78条

第2款　在教育系统中，教育须在同一文化内部、不同文化之间

和不同语言群体之间进行。

第84条

国家和社会有责任通过实施与文化和语言相一致的措施来消除文盲。

第90条

第2款 国家应通过技术学院促进技术、科技、生产、艺术和语言培训。

第二分节 高等教育

第91条

第2款 高等教育着眼于文化各领域中跨文化和多语言的内容，着力培养高素质人力资源，教授其专门知识，培养其科学的思维，进行综合训练，解决生产和社会环境的问题，促进推广政策和社会联系，加强多样性的科学、文化和语言的参与，推动社会进程，要建立更公平和更正义的社会。

第95条

第2款 高校需采取相应的措施以恢复、保护、发展、学习和传播少数民族和原住民族的语言。

第96条

第1款 国家有责任通过公立师范院校培养教师。教师的培训是专业的、公共的、免费的、多文化的、多语言的、科学的和富有成效的，并着重培养教师的社会责任和奉献精神。

第五分节 体育和娱乐

第104条

人人享有从事体育、体育文化和娱乐活动的权利。国家保证公民不受性别、语言、宗教、政治倾向、地理位置、社会群体、文化群体或其他性质的差异的影响，均享有从事体育活动的权利。

第七节　社会传播

第107条

第1款　媒体应有助于伦理道德和各国不同文化在全国各地的推广与传播，采取措施推进多语教育方案和残障人士的替代语言教育。

第四章　司法保障和防卫诉讼

第一节　司法保障

第120条

第2款　所有进入审判程序的人均应在使用其自己语言的情况下被审判；在特殊情况下，必须有翻译人员出席。

第二部分　国家职能的结构与组织

第五章　审计、社会监察和国防职能

第四节　公务员

第234条

公务员需要具备以下从业资格：

第7项　至少掌握本国的两种官方语言。

第三部分　国家领土结构和组织

第一章　国家的领土组成

第二节　自治区自治

第278条

第2款　法律规定大会成员选举的一般标准，考虑少数原住民族的人口代表性，领土、文化和语言特性，以及性别平等。自治章程将根据实际情况和管辖范围内的具体条件来确定其实施。

第三节　地区自治

第 280 条

第 1 款　地区由地理上相连的各个市或省组成，它们有着共同的文化、语言、历史、经济和生态系统，构成一个管理和规划区域。在特殊情况下，一个地区可以由一个省组成，该省需满足地区的基本特征。在人口大于 50 万的卫星城，可成立城市地区。

第七节　农村原住民族自治①

第 289 条

原住民族自治区由行使原住民族自主决策权的自治政府，及其自己的法律机构、政治机构、社会机构和经济机构组成。这些原住民族共享土地、文化、历史和语言。

过渡性条款

第 10 条

本宪法第 234 条第 7 项规定的，为行使公共职能应至少会表达两种官方语言的要求，应依法逐步实施。

① Rural Native Indigenous Autonomy.

厄瓜多尔

厄瓜多尔，国名全称为厄瓜多尔共和国。厄瓜多尔位于南美洲西北部。面积约256,370平方公里。人口约1,746万（2020年）。其中，印欧混血种人占77.42%，印第安人占6.83%，白种人占10.46%，黑白混血种人占2.74%，黑人和其他人种占2.55%。官方语言为西班牙语，印第安人通用克丘亚语。87.5%的居民信奉天主教。首都基多。

现行宪法于2008年7月由制宪大会通过，同年9月28日经全民公决后通过，同年10月20日生效。后历经2011、2015、2018和2021年修正。本书译文依据的是2021年宪法文本。

厄瓜多尔共和国宪法

（2008年9月28日通过）

第一编　国家宪法的基本要素

第一章　基本原则

第2条

第2款　西班牙语是厄瓜多尔的官方语言；西班牙语、克丘亚语和舒阿尔语是不同文化间的纽带。其他本土传统语言由原住居民在其居住的地区，按照法律的规定，作为官方语言使用。国家应该尊重与鼓励其保护及使用。

第二编　权利

第一章　权利行使的原则

第11条

第1款　权利的行使应依据以下原则：

第2项　任何人不得因其民族、出生地、年龄、性别、性别认同、文化认同、公民身份、语言、宗教、意识、政治派别、犯罪记录、社会经济地位、移民状况、性取向、健康状况、是否携带艾滋病毒、残障、生理差异，或其他任何个人、集体暂时或永久性的差异而被歧视、减少或不被承认、不能完全享有或行使其权利。

第二章　与良好生活相关的权利

第三节　信息和交流

第16条

所有人，以个体或集体的形式享有下列权利：

第1项　在社会交往的各个领域，通过任何手段或形式，以自己的语言和符号，进行自由的、跨文化的、包容的、多样性且参与性的交流。

第五节　教育

第29条

第1款　国家应保证高等教育中的教学和科研自由，以及各人使用自己的语言和在自身文化环境中学习的权利。

第三章　优先照顾的人和群体的权利

第五节　儿童和青少年

第45条

第2款　儿童和青少年享有身心健全的权利；享有身份、姓名和公民权利；享有全面健康和营养的权利；享有受教育、文化、体育和娱乐的权利；享有社会保障的权利，享有家庭权以及与家庭和社群的和平共处的权利；享有参与社会的权利；其自由和尊严有权被尊重；在对其影响的事物上有咨询权；有权在受教育或其本族文化环境中优先使用自己语言的权利；有权收到父母或失踪亲属的消息，除非该消息对其有害。

第六节　残障人士

第 47 条

第 2 款　承认残障人士的以下权利：

第 11 项　建立替代的交流机制、媒介和形式，包括聋人的手语、口语教学法[①]和盲文。

第四章　社群、民族和种族的权利

第 57 条

第 1 款　根据宪法及各有关人权的国际公约、宣言以及其他国际法，承认并确保各原住民聚居区、社群、民族和种族享有以下集体权利：

第 14 项　发展、加强并提高文化间的双语教育体系，在高质量的基础上，根据文化的多样性开展学前教学直到高等教育，在教育和学习方法上注意并保护文化认同。

第 21 项　其文化、传统、历史和思想所具有的尊严和多样性应在公共教育和媒体中有所体现，有权建立使用自己语言的自有媒体，并不受任何歧视地进入其他媒体。

---

① 教聋人通过讲话和唇读来交际的方法。

第六章　自由权利

第 66 条

以下人的权利应得到承认和保证：

第 28 项　有权拥有个人及集体身份，包括正式登记且自由选择姓名，以及保存、发展和建立有形和无形的身份特征，如国籍、家庭出身、精神、文化、宗教、语言、政治及社会表现。

第八章　保护权

第 76 条

在设定权利和义务的程序中，应确保法律程序正当，包括以下基本保障：

第 7 项　辩护权应包括下面的保障：

第 6 目　如果不理解或不会讲法律程序所使用的语言，有权获得免费的翻译和解释。

第 77 条

第 1 款　在一个人已被逮捕和拘留的刑事诉讼中，应遵循以下基本保证：

第 3 项　所有人自被拘留时起，应有权清楚并以简单的语言知晓其被逮捕和拘留的原因，以及发出拘留命令的法官或者当局、执行拘留的人、负责质询的人的身份等。

第 7 项　所有人均有以下辩护权：

第 1 目　提前的、详细的、以自己的语言、简洁的表达，告知对他的诉求和法律程序，以及负责的当局的身份。

第七编　良好生活的体制

第一章　包容与平等

第一节　教育

第 343 条

第 2 款　国家教育体系根据本国地理、文化和语言的多元化特点，尊重多元文化，尊重不同社群和民族的权利。

第 347 条

国家负有如下责任：

第 9 项　保障双语教育体系，在政府公共政策的领导下，尊重各社群和民族的权利，采用相关民族语言作为主要教育语言，西班牙语作为不同文化间的交流语言。

第 10 项　保障在教学科目中逐步加入至少一种本土传统语言。

第五节　文化

第 379 条

第 1 款　下列属于纪念个人和集体的有形和无形的重要文化遗产，受国家保护：

第 1 项　不同的语言、表达方式、口头传统以及各种文化表现和创作，具体涉及宗教、庆典和生产方面。

第 380 条

下列应该由国家负责：

第 1 项　通过持久的政策关心有形和无形的文化遗产，包括历史、艺术、语言、古迹、集体回忆录、价值观念、具有厄瓜多尔多民族和多元文化特征的表达，政府应对其进行保护、恢复、推广和发展。

哥伦比亚

哥伦比亚，国名全称为哥伦比亚共和国。哥伦比亚位于南美洲西北部。面积约 1,141,748 平方公里。人口约 5,034 万（2019 年），其中印欧混血种人占 60%，白人占 20%，黑白混血种人占 18%，其余为印第安人和黑人。官方语言为西班牙语。多数居民信奉天主教。首都波哥大。

现行宪法于 1991 年 7 月 4 日制宪大会通过并颁布。后历经二十余次修正，最新一次修正时间是 2021 年。本书译文依据的是 2015 年宪法文本。

哥伦比亚共和国宪法

（1991 年 7 月 4 日通过）

第一编　基本原则

第 10 条

西班牙语是哥伦比亚的官方语言。各民族的方言在其领域内也是官方语言。对于有双语传统的地区，采用双语教育。

第二编　权利、保障和义务

第一章　关于基本权利

第13条

第1款　所有人在法律面前一律平等，均有权得到法律平等的保护和对待，享有同等的权利、自由和机会，不因性别、种族、民族或家庭出身、语言、宗教和政治见解和哲学观点而受到区别对待。

圭亚那

圭亚那，国名全称为圭亚那合作共和国。圭亚那位于南美洲北部。面积约21.5万平方公里。人口约79万（2020年）。其中印度裔占43.5%、非洲裔占30.2%、混血种人占16.7%、印第安人占9.1%。英语为官方语言和通用语，也使用克里奥尔语、乌尔都语、印第安语和印地语。居民中34.8%信奉基督教新教，24.8%信奉印度教，7.1%信奉天主教，6.8%信奉伊斯兰教。首都乔治敦。

现行宪法于1980年2月14日由国民大会通过，1980年2月20日经总统批准生效。后历经十余次修正，最新一次修正时间是2016年。本书译文依据的是2016年宪法文本。

圭亚那合作共和国宪法

（1980年2月14日通过）

第一编　总则

第六节　议会

议会的组成

第53条　议员当选的资格

根据第155条（关于忠诚、精神疾病和其他事项）的规定，凡具备下列条件者均有资格当选为国民大会议员，否则无此资格：

第 2 项　除因失明或其他身体原因失去阅读能力，须具备熟练地、有效地积极参加议会活动的说、读英语的能力。

第二编　细则

第一章　个人基本权利和自由的保护

第 139 条　人身自由权的保护

第 3 款　所有被逮捕或被拘留的人，均有权以自己通晓的语言尽早地了解被逮捕或被拘留的原因，有权立即自费聘请和委托自己选择的、在圭亚那有资格担任律师的人担任其法律代理人并与该代理人保持联系。

第 144 条　确保法律保护的规定

第 2 款　查明案情是法院的责任，但是被指控犯有刑事罪的人：

第 2 项　有权以自己通晓的语言尽可能早地和详细地被告知被指控罪行的性质。

第 6 项　如果不理解诉讼中的语言有权免费获得翻译帮助。

第 149 条　不受基于种族等的歧视

第 2 款　本条中“歧视”，是指完全或主要按其本人或其父母或监护人的种族、出生地、政治观点、肤色、信念、年龄、残障、婚姻状况、性别、性取向、语言、出生、社会阶层、怀孕、宗教、良知、信仰或文化的分类，对不同的人给以不同的待遇，按照这种分类，一种人被划分为没有资格或受到限制，而另一种人则没有受到这样的对待，或得到前一种人没有得到的特权或便利。

第 4 款　任何法律，只要对任何人在公共服务部门，或在地方民主机关或在由法律为公共目的建立的法人团体担任任何职务的标准和条件（不是指一个人或其父母或监护人各自的种族、出生地、政治观点、肤色、信念、年龄、残障、婚姻状况、性别、性取向、语言、出生、社会阶层、怀孕、宗教、良知、信仰或文化这样的标准和条件）作出规定，均不得算作与本条第1款第1项相矛盾或违反。

第149条之七　原住民的权利

原住民有保护、保持和传播他们的语言、文化遗产和生活方式的权利。

第七章　服务委员会

原住民委员会

第212条之二十　原住民委员会的职能

除第212条之十第2款规定的职能外，原住民委员会的职能为：

第5项　提出保护、保存和传播原住民文化遗产和语言的建议。

苏里南

苏里南，国名全称为苏里南共和国。苏里南位于南美洲北部。面积约 16.4 万平方公里（包括同圭亚那有争议的 1.6 万平方公里）。人口约 60 万（2020 年）。其中印度裔占 33%，克里奥尔人占 31%，印尼裔占 15%，丛林黑人占 10%，其余为印第安人、华人、白人等。荷兰语为官方语言，通用苏里南语。居民 42% 信奉基督教，20% 信奉印度教，13% 信奉伊斯兰教。首都帕拉马里博。

新宪法于 1987 年 9 月 30 日经全民公决通过，同年 10 月 30 日生效。后经 1992 年修正。本书译文依据的是 1992 年宪法文本。

苏里南共和国宪法

（1987 年 9 月 30 日通过）

第五章　基本权利、个人权利与自由

第 8 条

第 2 款　任何人不因出身、性别、种族、语言、宗教、教育、政治信仰、经济地位或任何其他情形而遭受歧视。

委内瑞拉

委内瑞拉，国名全称为委内瑞拉玻利瓦尔共和国。委内瑞拉位于南美洲大陆北部。面积约916,400平方公里。人口约3,222万人（2019年）。印欧混血种人占58%，白人29%，黑人11%，印第安人2%。官方语言为西班牙语。多数居民信奉天主教。首都加拉加斯。

现行宪法于1999年12月20日由制宪大会颁布，1999年12月30日生效。后经2009年修正。本书译文依据的是2009年宪法文本。

委内瑞拉玻利瓦尔共和国宪法

（1999年12月20日颁布）

第一章　基本原则

第9条

西班牙语为官方语言。原住民族也可使用其母语作为官方用语，在共和国内使用原住民族的母语将作为国家与民族文化遗产的一部分予以尊重。

第三章　义务、人权和保障

第三节　公民权利

第49条

所有的司法和行政行为都应遵守正当程序，因此：

第3项　在任何程序中，都要听取当事人意见，并且由有管辖权、独立且中立的法院对当事人的申辩给予正当保障，并给予因正当耽延所需的合理时间。不会西班牙语或不能进行口头交流的人有要求翻译的权利。

第五节　社会和家庭权利

第81条

残障人士和有特殊需要的人有权完全自主地发挥自己的能力，有权组建自己的家庭并融入大众社群。国家以及家庭和社会的稳定参与，保障尊重他们的尊严，机会平等且提供满意的工作条件，依法推动对特殊群体的培训与教育，提供适合他们条件的就业机会。聋哑人有权通过委内瑞拉手语表达自己的想法以及与他人交流。

第六节　文化教育权

第101条

国家保障文化信息的发布、接受和传播。通讯媒体有义务协助传播民间传统和艺术家、作家、作曲家、电影导演、科学家及其他文化创作者的作品。电视应当为听力有困难的人提供字幕和委内瑞拉手语翻译。履行这些义务的条件和形式由法律规定。

第八节　原住民族的权利

第119条

国家承认原住民族及其社群的存在，他们的社会、政治和经济组织，文化和风俗习惯，语言和宗教信仰，住所及其祖先和传统上占领的土地的原始权利，以及其生活方式都受到必然的发展和保障。国家负责在原住民族的参与下对他们的集体土地所有权进行划分并予以保障。依据本宪法和法律，他们对土地的集体所有权是不可转让的，不受制于法律的限制和疏忽。

第 121 条

原住民族有权维护和发展他们的部落文化、世界观、人生观、精神圣地以及宗教场所。国家应促进对原住民文化的肯定和传播，考虑到他们特殊的社会文化特点、价值观和传统，原住民族可以有自己的教育权和跨文化与双语教育制度。

大洋洲

巴布亚新几内亚

巴布亚新几内亚，国名全称为巴布亚新几内亚独立国。巴布亚新几内亚位于太平洋西南部。面积约46.28万平方公里。人口约878万。98%属美拉尼西亚人，其余为密克罗尼西亚人、波利尼西亚人、华人和白人。官方语言为英语，地方语言820余种。皮金语在全国大部分地区流行，南部的巴布亚地区多讲莫图语。居民中93%为基督教徒，传统拜物教也有一定影响。首都莫尔斯比港。

现行宪法于1975年8月15日由制宪会议通过，1975年9月16日生效。后历经二十余次修正，最新一次修正时间是2016年。本书译文依据的是2016年宪法文本。

巴布亚新几内亚独立国宪法

（1975年8月15日通过）

序言

国家目标和指导原则

第5条　巴布亚新几内亚道路

我们宣布，我们第五个目标是主要通过巴布亚新几内亚社会、政治和经济组织形式来实现发展。

我们号召：

（三）我国人民在文化、贸易和民族上的多样性是积极因素，我们传统的生活方式和传统文化，包括语言，是丰富多彩的，要培养对它们的尊重和重视，要积极地、创造性地、心悦诚服地运用它们去完成发展任务。

第三章　政府基本原则

第三节　基础权利

第二小节　基本权利

第37条　法律保护

第4款　被指控有罪的人：

第2项　应以其通晓的语言及时并详细地告知其被指控罪行的性质。

第4项　如果被指控者不理解或不讲审判时使用的语言，应被允许得到免费的翻译帮助。

第三小节　适格权利

所有人的权利

第42条　人身自由

第2款　被逮捕或拘留的人：

第1项　应及时以其通晓的语言告知其被逮捕或拘留和对其指控的原因。

第四章　国籍

第二节　国籍的获得

第67条　归化入籍

第2款　取得移民资格者须具备：

第 3 项　除非有身体或精神缺陷的限制，会讲并通晓如皮金语[①]或莫图语，或本国某一方言，以进行充分的正常交流。

第 68 条　归化入籍的特殊条款

第 2 款　并不限制审批移民申请需考虑的事项，根据第 67 条（归化入籍）规定，在对独立日后的第一个 8 年内申请的决定中应考虑下列事务：

第 8 项　申请人对皮金语或莫图语或国内方言的了解程度。

第十章　紧急权力

第五节　拘留

第 245 条　拘留

第 1 款　下列条款适用于被拘留者：

第 1 项　被拘留者和其近亲属或国内其他亲属，应尽快并在拘留后 7 日内，被以其通晓的语言书面说明其被拘留的原因。

第十四章　布干维尔岛政府和公民投票

第三节　国家政府和布干维尔岛政府的职能和权力的分工

第 290 条　布干维尔岛政府的职能和权力

第 2 款　布干维尔岛政府对布干维尔岛的职能与权力包括：

第 32 项　语言。

① 皮金语别名巴布亚皮钦语（Tok Pisin），又叫皮钦语、新美拉尼西亚语、托克皮辛语等，是一种克里奥尔语。

斐　济

斐济，国名全称为斐济共和国，位于西南太平洋中心。陆地面积约 18,333 平方公里，海洋专属经济区面积约 129 万平方公里。人口约 88.5 万（2017 年）。官方语言为英语、斐济语和印地语，通用英语。首都苏瓦。

2013 年 9 月 7 日，斐济新宪法经奈拉蒂考总统签署并颁布生效[①]。后无修正。

斐济共和国宪法

（2013 年 9 月 7 日生效）

序言

我们，斐济人民，

承认原住民或斐济人[②]其对斐济土地的所有权，并认可其独有的文化、传统、习惯和语言；

承认原住民或罗图马[③]原住民及其对其土地的所有权，并认可其独有的文化、传统、习惯和语言；

---

① 信息来源：斐济政府官方网站（www.laws.gov.fj），检索日期：2022-9-22。

② 指斐济原住民（土著居民）也被称为 iTaukei，这是对他们的特有称呼。

③ 罗图马（Rotuma）是斐济的领地，拥有相当大的自治权，居民主要使用罗图马语。

承认来自英属印度和太平洋各岛屿的劳工后裔，并认可其文化、传统、习惯和语言；承认移居斐济的移民和定居者的后裔，并认可其文化、传统、习惯和语言。

第一章 国家

第3条 宪法解释原则

第3款 本宪法以英语的版本通过，其斐济语译本和印地语译本亦有效可行。

第4款 若本宪法条文的英语版本同斐济语版本和印地语版本存在明显的不同，则以英语版为准。

第二章 权利法案

第9条 人身自由权

第3款 若因紧急状态授权的措施拘留个人，则：

第1项 应在其被拘留后7日内尽快以其通晓的语言并以书面形式告知其被拘留的具体理由。

第13条 被逮捕和被拘留者的权利

第1款 被逮捕或拘留者享有下列权利：

第1项 就下列事项，以其通晓的语言立即获得告知：

第1目 其受逮捕或拘留的原因，针对其提起的控诉的性质。

第2目 保持沉默的权利。

第3目 不保持沉默的后果。

第2款 无论本条何时要求给予他人资讯，相关资讯应以其理解的语言以简明的方式给予。

第14条 被指控者的权利

第2款 任何被指犯罪的人均享有下列权利：

第2项 以其通晓的语言，书面清楚详细地告知其被指控的性质和理由。

第9项　以其理解的语言进行审判，若其不懂审判语言，则由国家负担费用，将审判程序翻译成其理解的语言进行。

第3款　无论何时，被指控者需要了解此条规定的信息，信息应以其理解的语言以尽可能简明的形式呈现。

第15条　司法救济权

第6款　每个被指控犯罪之人、民事诉讼的当事人、刑事或民事诉讼的证人，均有提供证据和以其通晓的语言被质询的权利。

第7款　每个被指控犯罪的人、民事诉讼的当事人，均有权以其通晓的语言参与诉讼程序。

第8款　为了公正的需要，法庭必须为当事人免费提供翻译人员或精通手语人员的服务来实现第6款和第7款所涉及的权利。

第26条　平等和不受歧视的权利

第3款　每个人不得因为其背景直接或间接地受到不合理的歧视：

第1项　实际或推断的人格或条件，包括种族、文化、民族或社会出身、肤色、出生地、性别、社会性别、性取向、性别认同和表达、血统、母语、经济、社会或健康状况、残障、年龄、宗教、良知、婚姻状况和怀孕在内的情况。

第31条　受教育权

第3款　现代斐济语和斐济印地语①应作为初等学校的强制性学习科目。

第42条　残障人士的权利

第1款　残障人士享有下列权利——

第2项　使用手语、盲文或其他适当的交流手段。

---

① 印度裔斐济人使用的语言。

基里巴斯

基里巴斯，国名全称为基里巴斯共和国。基里巴斯位于太平洋中部。陆地面积约 811 平方公里，海洋专属经济区面积约 350 万平方公里。人口约 12 万。其中 90% 以上属密克罗尼西亚人，其余为波利尼西亚人和欧洲移民。官方语言为英语，通用基里巴斯语和英语。居民多信奉罗马天主教和基里巴斯新教。首都塔拉瓦。

基里巴斯现行宪法根据《1979 年基里巴斯独立令》于 1979 年 7 月 12 日正式生效，故又名《独立宪法》，后经 1995、2013 和 2016 年修正。本书译文依据的是 2013 年宪法文本。

基里巴斯共和国宪法

（1979 年 7 月 12 日生效）

第二章　保护个人的基本权利和自由

第 5 条　人身自由权的保护

第 2 款　对于任何被逮捕或拘留的人，应尽快以合理的切实可行的方式，以其通晓的语言告知其被逮捕或拘留的原因。

第 10 条　获得法律保护的规定

第 2 款　任何被指控刑事犯罪的人：

第 2 项　应当尽快以合理的切实可行的方式以他能通晓的语言，详细告知其所受指控的犯罪性质。

第 6 项　如果其不理解审讯中使用的语言，应当允许其免费获得翻译帮助。

库克群岛

库克群岛，位于南太平洋上，面积约240平方公里，由15个小岛组成。人口约1.79万（2020年），另有约6.2万人居住在新西兰，均持新西兰护照。毛利人（属波利尼西亚人种）占92%，欧洲后裔占3%。通用库克群岛毛利语和英语。居民69%信奉基督教新教，15%信奉罗马天主教。首都阿瓦鲁阿。

1964年在联合国监督下举行全民公决，通过宪法。1965年8月4日宪法生效。后历经二十余次修正，最新一次修正时间是2021年。本书译文依据的是2004年宪法文本[①]。

库克群岛宪法

（1964年通过）

第三章　库克群岛议会

第35条　语言

第1款　议会中的所有辩论和讨论均应使用库克群岛毛利语和英语进行。

第2款　提交议会的每一项法案和每部法律均应使用库克群岛毛利语和英语，但议会可以通过决议决定某一法案或法律仅使用英语。

---

① 信息来源：联合国教科文组织官网（www.unesco.org），检索时间：2022-3-27。

第 3 款 根据议会议事规则的规定，在议会或其委员会中的议事记录应使用英语和库克群岛毛利语。

第 4 款 如果任一法案或法律或其记录的库克群岛毛利语版本和英语版本之间有任何冲突，应以英语版本为准。

马绍尔群岛

马绍尔群岛，国名全称为马绍尔群岛共和国。马绍尔群岛位于中太平洋密克罗尼西亚地区。陆地面积约181.3平方公里（包括比基尼环礁、埃尼威托克环礁和夸贾林环礁），海洋专属经济区面积约213.1万平方公里。人口约5.43万（2017年），多属密克罗尼西亚人种。马绍尔语为官方语言，通用英语。54.8%的居民为新教徒，25.8%为神召会教徒，8.7%为天主教徒。首都马朱罗。

现行宪法于1979年3月经全民公决通过，1979年5月1日正式生效。后经1990和1995年修正。本书译文依据的是1995年宪法文本。

马绍尔群岛共和国宪法

（1979年3月通过）

第二章　权利法案

第12条　平等保护和免受歧视的自由

第2款　任何法律和行政或司法行为，无论明示的还是在实际适用中的，均不应当基于性别、种族、肤色、语言、宗教、政治或其他观点、民族或社会出身、出生地、家庭地位或血统而歧视任何人。

第十四章 一般规定

第5条 作准文本

本宪法的马绍尔语文本和英语文本同为作准文本，但如有不同，应以马绍尔语文本为准。

密克罗尼西亚联邦

密克罗尼西亚联邦，位于中部太平洋地区，陆地面积约 702 平方公里，海洋专属经济区面积约 298 万平方公里。人口约 10.48 万。其中密克罗尼西亚人占 88.9%，亚洲人占 1.8%，波利尼西亚人占 1.5%；官方语言为英语，4 个州分别通用 8 种各自的主要地方语言。天主教徒占 50%，新教徒占 47%。华侨数十人。首都帕利基尔。

现行宪法于 1975 年宪法会议制定，1978 年批准，1979 年 5 月 10 日生效。后经 1990 年修正。本书译文依据的是 1990 年宪法文本。

密克罗尼西亚联邦宪法

（1975 年制定）

第四节　权利声明

第 4 条

法律平等保护所有人，不因性别、种族、血统、民族、语言或社会地位而被否认或侵害。

第九节　立法机关

第 9 条

如果一个人在选举日年满 30 岁，具有密克罗尼西亚联邦公民资格至少 15 年，并且在其当选的州已居住至少 5 年，他有资格当选为议员。被联邦政府或州法院判定犯有重罪的人不具有成为议员的资格。议会可以修改这一规定或另作规定条件；掌握英语不能作为一项条件。

第 10 条

议会应当至少每 10 年对议员进行重新分配。除每州普遍当选的一位成员外，一个州基于人口比例至少获得一位议员资格。各州应当通过法律将其划分为单一席位议会选区。充分考虑语言、文化和地理差异，保证每一选区在人口上应当基本相等。

第 19 条

议会应当保存和出版定期会议记录。应 1/5 出席议员的要求，应采取记录在会议记录上的唱名表决。立法活动应当采用英语作为工作语言。如果议员的英语不熟练，他可以使用自己的语言，议会应当为他提供翻译。

瑙　鲁

瑙鲁，国名全称为瑙鲁共和国，位于中太平洋、赤道以南约 42 公里处，由一独立的珊瑚礁岛构成。陆地面积约 21.1 平方公里，海洋专属经济区面积约 32 万平方公里。人口约 1.27 万人（2018 年），58% 为瑙鲁人，属密克罗尼西亚人种，其余为其他太平洋岛国人、华人、菲律宾人和欧洲人后裔。另有约 2000 瑙鲁人居住在澳大利亚。英语为官方语言，通用瑙鲁语。居民多数信奉基督教新教，少数信天主教。无正式首都，政府机关设在亚伦区。

现行宪法于 1968 年 1 月 29 日瑙鲁制宪会议通过。后经 2015、2016 和 2018 年修正。本书译文依据的是 2015 年宪法文本。

瑙鲁共和国宪法

（1968 年 1 月 29 日通过）

第二章　基本权利和自由的保护

第 10 条　获得法律保护的规定

第 3 款　被指控犯罪的人：

第 2 项　应以其通晓的语言及时详细告知其被控罪行的性质。

第 4 项　若其不理解或不会讲审讯时所使用的语言，应被允许免费获得翻译帮助。

纽　埃

纽埃，是位于太平洋中南部的一个岛国。面积约 260 平方公里。人口约 1700 人，另有约 3.1 万人居住在新西兰（2018 年），约 5000 人居住在澳大利亚（2017 年）。属波利尼西亚人种。75% 的居民信奉埃克利西亚纽埃教[①]，10% 信奉摩门教，5% 信奉罗马天主教。通用纽埃语和英语。首都阿洛菲。

1974 年，新西兰议会通过《纽埃宪法》，纽埃成为独立的政府。后无修正。

纽埃宪法

（1974 年 10 月 19 日颁布[②]）

第二章　立法

纽埃议会

第 23 条　语言

第 1 款　纽埃议会的议长或其他议员可以用纽埃语或者英语在议会中发言，但纽埃议会秘书应根据议长或任何议员提出的要求，将议

---

① 属于基督教新教。

② 信息来源：新西兰政府立法网站（www.legislation.govt.nz），检索时间：2022-3-27。

长或任何议员的发言内容翻译成英语或纽埃语（视情况而定）。

第 2 款 提交给纽埃议会的每项法案和每部法律均应使用纽埃语和英语两种文本，但议会可以通过决议，决定某一法案或法律仅以纽埃语或英语表达。

第 3 款 纽埃议会或其委员会的议事记录应使用纽埃语，议会议事规则中规定的或议会可能通过决议决定的议事记录也应使用英语书写。

第 4 款 本宪法有纽埃语文本和英语文本，在不违反本条第 5 款的情况下，纽埃议会或其任何委员会的议事记录以及任何法律的纽埃语版本和英语版本同等有效。

但如果本宪法或任何议事记录及法律的纽埃语版本和英语版本之间存在明显差异，那么在解释相关规定时，应考虑到有助于确定该条款的真正意图和含义的所有情况。

第 5 款 对于纽埃议会或其任何委员会的议事记录，议会可以通过决议决定。在任何实施的情况下，可明确规定如果纽埃语版本与英语版本之间存在任何冲突，仅以纽埃语版本或英语版本为准。

帕　劳

帕劳，国名全称为帕劳共和国，位于西太平洋。陆地面积约 459 平方公里，海洋专属经济区面积约 62.9 万平方公里。人口约 1.8 万，多属密克罗尼西亚人种。官方语言为帕劳语和英语。全国 73% 居民信奉基督教，其中 41.6% 信奉罗马天主教，28.3% 信奉基督教新教。首都梅莱凯奥克。

现行宪法经帕劳宪法议会于 1979 年 1 月 28 日至 4 月 2 日制定，1980 年 7 月 9 日通过，1981 年 1 月 1 日起生效。后经 1992 年修正。本书译文依据的是 1992 年宪法文本。

帕劳共和国宪法

（1980 年 7 月 9 日通过）

第四章　基本权利

第 5 条　法律面前人人平等，享受平等的保护。政府不应基于性别、种族、出生地、语言、宗教或信念、社会地位或党派而采取歧视任何人的行动。但为了给公民优惠待遇，在无遗嘱的继承和家庭关系方面为了保护未成年人、老人、穷人、身体或精神有障碍者和其他类似群体的人除外。任何人在立法或行政调查中不应受到不公平的对待。

第十三章　一般规则

第1条　帕劳的传统语言是国家语言。帕劳语和英语是官方语言。国会[①]决定每种语言的使用方式。

第2条　帕劳语版本的宪法和英语版本的宪法应具有同样效力；在两种版本发生冲突时，英语版本优先。

① 帕劳国会（帕劳语为 Olbiil era Kelulau）是帕劳的国家立法机关，实行两院制，由参议院和众议院组成。

萨摩亚

萨摩亚，国名全称为萨摩亚独立国，位于太平洋南部，陆地面积约 2,934 平方公里，海洋专属经济区面积约 12 万平方公里。人口约 19.7 万。绝大多数为萨摩亚人，属波利尼西亚人种；还有少数其他太平洋岛国人、欧洲人和华裔以及混血人种。华人华侨约 300 人。官方语言为萨摩亚语和英语。多数居民信奉基督教。首都阿皮亚。

现行宪法于 1960 年 10 月 28 日由宪法大会制定并通过，1962 年 1 月 1 日生效。后历经十余次修正，最新一次修正时间是 2021 年。本书译文依据的是 2017 年的宪法文本。

萨摩亚独立国宪法

（1960 年 10 月 28 日通过）

第二章　基本权利

第 9 条　公平审判的权利

第 4 款　任何被指控犯罪的人享有下列基本权利：

第 1 项　及时以其通晓的语言被详细告知所受指控的性质及原因。

第 5 项　如果对其是否能理解或讲法庭所使用的语言存在怀疑，则可以获得免费翻译帮助。

第 15 条　免受歧视立法的自由

第 2 款　除非本宪法规定的明确授权，任何法律或国家的行政行为都不应仅仅仅基于血统、性别、语言、宗教、政治或其他见解、社会出身、出生地、家庭状况或其中的任何因素，在明示或实质上限制任何人发挥其能力，也不得因此而赋予任何人或某些人以特权或优势。

第五章　议会

第54条　语言

第1款　立法大会中的所有辩论和讨论，均应以萨摩亚语和英语进行。

第2款　立法大会的备忘录和辩论、提出的所有议案和提交给大会的每一份文件、所有活动的备忘录、证明的备忘录和各委员会的报告，都应使用萨摩亚语和英语书写。

第十一章　一般规定和杂项规定

第112条　权威文本

本宪法的萨摩亚语文本和英语文本具有同等效力，二者出现差异时，以英语文本为准。

所罗门群岛

所罗门群岛，位于太平洋西南部，陆地面积约2.84万平方公里，海洋专属经济区面积约160万平方公里。人口约72万。94.5%为美拉尼西亚人，多信奉基督教新教和天主教。官方语言为英语，通用皮金语。首都霍尼亚拉。

1978年6月8日英国议会通过所罗门群岛新宪法，1978年7月7日生效。后历经1982、1983、1989、1992、2001、2008、2009、2014和2018年修正。本书译文依据的是2018年宪法文本。

所罗门群岛宪法

（1978年6月8日通过）

第二章　个人基本权利和自由的保护

第5条　人身自由权的保护

第2款　对任何被逮捕或拘留的人，都应当以其通晓的语言及时告知其被逮捕或拘留的理由。

第10条　获得法律保护的规定

第2款　每一个被指控刑事犯罪的人：

第2项　应当在合理可行的程度内尽快以其通晓的语言详细告知其被指控犯罪的性质。

第 6 项　当其不理解审判使用的语言时，则应当获得免费的翻译帮助。

第 16 条　公共紧急状态时期的规定

第 8 款　当根据授权在公共紧急状态期间为应对所罗门群岛出现的形势而采取合理正当措施的法律而对个人予以拘留时，应当适用下列规定：

第 1 项　应当尽快用其通晓的语言，向其提供详细列明拘留理由的书面通知。

第三章　公民身份

第 20 条　在独立日成为公民的人

第 4 款　在本条和下一条中，申请中规定包含的信息如下：

第 6 项　申请人作出的效忠所罗门群岛，尊重所罗门群岛的文化、语言和生活方式的申明。

图瓦卢

图瓦卢，位于中太平洋南部。陆地面积约 26 平方公里，海洋专属经济区面积约 75 万平方公里。人口约 1.1 万（2021 年）。96% 为图瓦卢人，属波利尼西亚人种。其余为基里巴斯人、欧洲裔等。英语为官方语言，图瓦卢语为通用语言。居民信奉基督教。首都富纳富提。

现行宪法于 1986 年 10 月 1 日生效。后历经 1992、2000、2002、2007 和 2010 年修正。本书译文依据的是 2010 年宪法文本。

图瓦卢宪法

（1986 年 10 月 1 日生效）

第二章　权利法案

第三节　基本人权和自由的保护

第一分节　保护概论

第 17 条　人身自由

第 3 款　对被拘留的人应尽可能快地以其通晓的语言告知其被拘留的原因。

第 22 条　法律保护

第 3 款　被指控犯罪的人：

第2项　应当以详细且通晓的语言尽可能快地告知被指控的违法行为的确切性质和细节，如果不能以书面形式通知，则应尽可能快地以书面形式确认它。

第7项　若其在审判或审判的任何阶段不能充分理解审判所使用的语言，应允许其获得免费翻译帮助。

第四节　紧急状态

第37条　紧急状态时的扣留

第1款　若依据第36条（在公共紧急状态期间对特定权利和自由的限制）所授予的法律而拘留某人，则：

第1项　自拘留之日起10日内，应在合理时间内以其通晓的语言尽快以书面形式告知其被拘留的详细原因。

瓦努阿图

瓦努阿图，国名全称为瓦努阿图共和国。瓦努阿图位于太平洋西南部。陆地面积约 1.22 万平方公里，海洋专属经济区面积约 68 万平方公里。共有 82 个岛屿。人口约 32 万。其中 98% 为瓦努阿图人，属美拉尼西亚人种，其余为法、英、华裔和越南、波利尼西亚移民以及其他太平洋岛国人。2/3 人口集中在埃法特、桑托、马勒库拉、塔纳 4 个岛屿。官方语言为比斯拉马语、英语和法语，国家语言为比斯拉马语，全国共有 100 多种方言。84% 的人信奉基督教。首都维拉港。

现行宪法于 1979 年 10 月 23 日制定，1980 年 7 月 30 日生效。后历经 1981、1983、2004、2006 和 2013 年修正。本书译文依据的是 2013 年宪法文本。

瓦努阿图共和国宪法

（1979 年 10 月 23 日制定）

序言

我们瓦努阿图人民：

（三）珍视我们种族、语言和文化的多样性。

第一章　国家和主权

第 3 条　国家语言和官方语言

第 1 款 瓦努阿图共和国的国家语言为比斯拉马语，官方语言为比斯拉马语、英语和法语，主要的教学语言为英语和法语。

第 2 款 瓦努阿图共和国保护不同的地方语言，这些语言是国家遗产的组成部分，国家可以宣布其中任何一种语言作为国家语言。

第二章 基本权利和义务

第一节 基本权利

第 5 条 基本权利和个人自由

第 1 款 瓦努阿图共和国承认，除非法律对公民权利的限制，所有人均享有下列基本权利和自由，并不因种族、出生地、宗教或传统信念、政治观点、语言或性别而受到歧视，但是公民应尊重其他人的权利和自由、并受在防务、安全、公共秩序、福利和健康方面等合法利益的约束。

第 2 款 法律的保护应包括以下内容：

第 3 项 任何人在被指控犯罪时，都应该及时以其通晓的语言告知。

第 4 项 在诉讼中，若被告人不理解审判所使用的语言，法庭应该为其提供翻译。

第五章 酋长全国理事会[①]

第 30 条 理事会的职能

第 1 款 酋长全国理事会享有全权讨论与风俗和习惯有关的一切事务，可以对非瓦努阿图文化和语言的保存与发展提出建议。

---

① 酋长制度是美拉尼西亚传统文化一部分，至今仍在沿用。各部落、各岛屿均有酋长。全国酋长理事会是各地酋长代表参与国家最高决策与管理的机构。

第九章　行政管理

第二节　督察员

第 64 条　公民以自己的语言工作的权利

第 1 款　通过使用官方语言，瓦努阿图公民可以获得从共和国的行政管理中所期望的正当服务。

第 3 款　督察员每年都应当向议会提交一份关于多种语言的使用和采取的保障措施的特别报告。

新西兰

新西兰，位于太平洋西南部，面积约27万平方公里。人口约512.7万（2022年3月）。其中，欧洲移民后裔占70%，毛利人占17%，亚裔占15%，太平洋岛国裔占8%（部分为多元族裔认同）。官方语言为英语、毛利语。近一半居民信奉基督教。首都惠灵顿。

新西兰属于不成文宪法国家。宪法由一系列法律文件构成，其中包括英国和新西兰议会的一些法案，以及作为主要正式宪章的《1986年新西兰宪法法案》（1987年1月1日正式生效）。本书节选翻译其中与语言关系最大的《1990年新西兰权利法案》。

1990年新西兰权利法案

（公共法案1990年第109号，1990年8月28日批准）

第二章　公民权利和政治权利

第三节　不受歧视和少数人权利

第20条　少数人权利

在新西兰属于种族、宗教或语言上的少数人群体不应被否定，他们和其他人一起享有文化发展、宗教信仰、语言使用的自由和权利。

第四节　搜查、逮捕和拘留

第 24 条　被指控人的权利

每个被指控犯罪的人：

第 7 项　如果不能理解或者表达法庭使用的语言，有权获得免费的翻译帮助。

附录

语言名称中英文对照表

A	
阿布哈兹语	Abkhazian
阿尔巴尼亚语	Albanian
阿非利卡语	Afrikaans
阿拉伯语	Arabic
阿劳纳语	Araona
阿姆哈拉语	Amharic
阿萨姆语	Assamese
阿塞拜疆语	Azerbaijani; Azerbaijian
阿伊马拉语	Aymara
埃斯-埃贾语	Ese Ejja
爱尔兰语	Irish
爱沙尼亚语	Estonian
奥迪亚语	Odia
B	
白俄罗斯语	Belarusian
班巴拉语	Bambara
保加利亚语	Bulgarian
鲍雷语	Baure
贝斯若语	Bésiro
俾路支语	Baluchi
比斯拉马语	Bislama

柏柏尔语	Berber
博多语	Bodo
波兰语	Polish
波斯尼亚语	Bosnian
波斯语	Persian
布拉尔语	Poular
C	
查科瓦语	Chácoba
朝鲜语	Korean
茨瓦纳语	Tswana
聪加语	Xitsonga
D	
达里语	Dari
德顿语	Tetum
德语	German
迪奥拉语	Diola
迪维希语	Dhivehi
多格拉语	Dogri
E	
俄语	Russian
恩道语	Ndau
恩德贝莱语	isiNdebele; Ndebele
F	
法语	French
梵语	Sanskrit
菲律宾语	Filipino
斐济印地语	Fiji Hindi
斐济语（斐济原住民族语言）	iTaukei
芬兰语	Finnish

G	
高棉语	Khmer
格鲁吉亚语	Georgian
古吉拉特语	Gujarati
瓜拉尼语	Guaraní
瓜拉苏维语	Guarasu'we
瓜拉尤语	Guarayu
H	
哈萨克语	Kazak
哈萨尼语	Hassani
汉语	Chinese
豪萨语	Hausa
黑山语	Montenegrin
J	
基孔果语	Kikongo
基里巴斯语	Kiribati
基隆迪语	Kirundi
基图巴语	Kituba
吉尔吉斯语	Kyrgyz
加泰罗尼亚语	Catalan
K	
卡克奇克尔语	Cakchiquel
卡拉卡尔帕克语	Karakalpak
卡兰加语	Kalanga
卡尼查纳语	Canichana
卡斯蒂利亚语	Castilian
卡维内诺语	Cavineño
卡尤瓦瓦语	Cayubaba
凯克奇语	Kekchí

坎纳达语	Kannada
克里奥尔语	Creole; Créole
克罗地亚语	Croatian
克丘亚语	Quechua
克什米尔语	Kashmiri
科摩罗语	Shikomor
科萨语	isiXhosa; Xhosa
科伊桑语	Koisan
科伊语	Khoi
孔卡尼语	Konkani
库尔德语	Kurdish
库克群岛毛利语	Cook Island Maori
L	
拉脱维亚语	Latvian
莱科语	Leco
老挝语	Lao
立陶宛语	Lithuanian
林加拉语	Lingala
卢旺达语	Lkinyarwanda
M	
罗马尼亚语	Romanian
罗曼什语	Romansh
罗图马语	Rotuman
马查于亚-卡拉瓦亚语	Machajuyai-kallawaya
马达加斯加语	Malagasy
马耳他语	Maltese
马拉提语	Marathi
马拉亚拉姆语	Malayalam
马来语	Malay

马罗帕语	Maropa
马林克语	Malinké
马姆语	Mam
马其顿语	Macedonian
马奇内尼	Machineri
马绍尔语	Marshallese
曼尼普尔语	Manipuri
毛利语	Maori
蒙古语	Mongolian
孟加拉语	Bangla
米德勒语	Maithili
缅甸语	Myanmar
摩尔多瓦语	Moldavian
莫杰诺-伊格纳西阿诺语	Mojeño-ignaciano
莫杰诺-特利塔利奥语	Mojeño-trinitario
莫雷语	Moré
莫塞特内语	Mosetén; Mosetene
莫图语	Motu
莫维马语	Movima
N	
南比亚语	Nambya
瑙鲁语	Nauru
尼泊尔语	Nepali
尼扬贾语	Chewa
纽埃语	Niuean
努里斯坦语；努里斯坦尼语	Nuristani
挪威语	Norwegian
P	
帕卡瓦拉语	Pacawara

帕劳语	Palauan
帕米尔语	Pamiri
帕沙伊语；帕夏语	Pashai
旁遮普语	Punjabi
皮金语	Pisin
皮钦语	Pidgin
颇尔语	Pular
葡萄牙语	Portuguese
普基纳语	Puquina
普什图语	Pashto
Q	
奇曼语	Chimán
契巴威语	Chibarwe
契卢巴语	Kiluba
R	
瑞典语	Swedish
S	
萨米语	Sami
萨摩亚语	Samoan
萨穆科语	Zamuco
塞茨瓦纳语	Setswana
塞尔维亚语	Serbian
塞苏陀语	Sesotho
桑戈语	Sango
桑塔利语	Santhali
桑语	San
瑟佩迪语	Sepedi
僧伽罗语	Sinhala
尚加尼语	Shangani

绍纳语	Shona
舒阿尔语	Shuar
斯洛伐克语	Slovak
斯洛文尼亚语	Slovenian
斯瓦蒂语	siSwati
斯瓦希里语	Kiswahili
索马里语	Somali
索宁克语	Soninke
索托语	Sotho
T	
他加禄语	Tagalog
塔吉克语	Tajiki
塔卡纳语	Tacana
塔马齐格特语	Amazigh;Tamazight
塔皮埃特语	Tapiete
泰卢固语	Telegu; Telugu
泰米尔语	Tamil
汤加语	Tonga; Tongan
图瓦卢语	Tuvalu
土耳其语	Turkish
土库曼语	Turkmen; Turkmani
托罗莫纳语	Toromona
W	
威尔士语	Welsh
维恩哈耶克语	Weenhayek
文达语	Tshivenda; Venda
沃洛夫语	Wolof
乌尔都语	Urdu
乌克兰语	Ukrainian
乌鲁奇帕亚语	Uruchipaya

乌兹别克语	Uzbeki
X	
西班牙语	Spanish
西里奥诺语	Sirionó
希伯来语	Hebrew
希腊语	Greek
现代斐济语	Contemporary iTaukei
谢列尔语	Sérère
信德希语	Sindhi
匈牙利语	Hungarian
叙利亚语	Syriac
Y	
雅米纳瓦语	Yaminawa
亚美尼亚语	Armenian
亚述语	Assyrian
伊博语	Ibo
伊托纳马语	Itonama
意大利语	Italian
印地语	Hindi
印度斯坦语	Hindustani
印尼语；印度尼西亚语	Indonesian
英语	English
尤基语	Yuki
尤拉卡雷语	Yuracaré
约鲁巴语	Yoruba
越南语	Vietnamese
Z	
宗卡语	Dzongkha

文字名称中英文对照表

波斯文字	Persian
高棉文	Khmer
拉丁字母	Latin script
老挝文	Lao
罗马文字	Roman script
盲文	Braille; Braille system
天城体字母（也称梵文字母）	Devanagiri
西里尔字母	Cyrillic alphabet; Cyrillic script

机构名称中英文对照表

阿尔及利亚塔马齐格特语学院	Algerian academy for the Tamazight language
阿拉伯语高级理事会（阿尔及利亚[①]）	High Council for the Arabic Language
阿塔图尔克文化、语言和历史高等研究院（土耳其）	The Atatürk High Institution of Culture, Language and History
爱资哈尔大学（埃及）	AI-Azhar
泛南非语言委员会	A Pan South African Language Board
国家语言委员会（菲律宾）	A National Language Commission
官方语言委员会（印度）	Commission and Committee of Parliament on Official Language
海地科学院	Haitian Academy/Académie Haïtienne
卢旺达语言文化学院	Rwanda Academy of Language and Culture
摩洛哥语言与文化委员会	National Council of Languages and of Moroccan Culture; Conseil national des langues et de la culture marocaine
官方语言委员会（斯里兰卡）	Official Languages Commission
文化、宗教及语言权利保护与促进委员会（南非）	The Commission for the Promotion and Protection of the Rights of Cultural, Religious and Linguistic Communities
语言少数群体事务专员（印度）	Special Officer for Linguistic Minorities
语言委员会（尼泊尔）	Language Commission

① 括号中的国家是指该国宪法的语言条款提及此类机构。

常用术语中英文对照表

本国原住民语言	national indigenous languages
本土传统语言	ancestral languages
本土语言（国家的）	native language
残障人士	persons with disabilities
传统语言	traditional language
地方语言	local dialect; local language; regional language; vernacular
多语制	multilingualism
法院语言（斯里兰卡）	languages of the courts
共通语（斯里兰卡）	link language
共同语言	common language
官方语言	official language
国籍	nationality
国际语言	international language
国家语言	national language; state language
教学语言	language of education and teaching
教育语言	language of education
立法语言	language of legislation
母语	mother tounge; native language（个人的）
民族	ethnicity; national races; peoples

民族认同	ethnic identity（指社会心理）
民族特性	ethnic identity（指民族特征）
区域性语言	regional language(s)（指分布于特定地区的语言）
人群	human groups
少数民族	ethnic minorty（国家、民族内）; minority nationality（亚洲、中国）; national minority
社区	community（强调有共同居住地）
社群	community（指具有某种共同社会特征的人群）
手语	sign language
双语教育	bilingual education
双语制	bilingualism
通用语言	lingua franca
外语	foreign language
文字	script; writing system
行政语言（斯里兰卡）	languages of administration
性别少数群体	sexual minorities
语言少数群体	linguistic minorities
原住民（族）	Indigenous peoples
原住民族(群体)	autochthonous ethnic groups
原住民语言	aboriginal language; indigenous language
族际交际语言（塔吉克斯坦）	language of communication between the nationalities